U0455850

八如何说话 清朝

夏川 编

长江出版传媒
崇文书局

图书在版编目（CIP）数据

古人如何说话．清朝／夏川编．-- 武汉：崇文书局，2023.8
（古代人的日常对话）
ISBN 978-7-5403-7283-5

Ⅰ．①古… Ⅱ．①夏… Ⅲ．①古汉语－清代－对外汉语教学－教材 Ⅳ．① H195.4

中国国家版本馆 CIP 数据核字（2023）第 099949 号

出 版 人：韩　敏
责任编辑：鲁兴刚
责任校对：董　颖
封面设计：杨　艳
责任印制：李佳超

古人如何说话：清朝
GUREN RUHE SHUOHUA QINGCHAO

出版发行：长江出版传媒｜崇文书局
地　　址：武汉市雄楚大街 268 号 C 座 11 层
电　　话：(027)87677133　　邮政编码：430070
印　　刷：武汉中科兴业印务有限公司
开　　本：880mm×1230mm　　1/32
印　　张：8.125
字　　数：140 千
版　　次：2023 年 8 月第 1 版
印　　次：2023 年 8 月第 1 次印刷
定　　价：42.00 元
（如发现印装质量问题，影响阅读，由本社负责调换）

目　录

听见古人说话

　　如果回到古代，我们要怎么与当时的人对话呢？清代人说话是私塾先生那样的"之乎者也"，还是《红楼梦》中那种口语，比如林黛玉说的"我就知道，别人不挑剩下的也不给我"？

　　相比于文绉绉的"之乎者也"，当时人说话自然更接近《红楼梦》中描述的风格。一般认为在秦代以前，书面语与口语是一致的。但是秦汉以后，人们在写作上模仿前人文章，日常使用的口语却又不断变化，于是就出现了文言与白话的不同，也就是书面语言与口头语言的区别。比如明朝开国皇帝朱元璋用文言叙述自己的功绩是："朕以布衣入戎伍，愤生民涂炭，提孤军与豪杰同志者，思所以靖之。赖天之灵，因民之利，干戈所至，强殒弱服，大河之北，以际南海，罔不来臣。"但在给当时朝鲜半岛国君的圣旨中，他用白话，几乎同样的内容就变成了这样："我从二十四岁上，红军内住了三年，自家砌了些个军马，修了一座城子，海内打造了一万船只，后来各处城郭都收拾了。"文言、口语的差距可见一斑。

我们可以通过学习古代经典来理解文言，但要想知道古代人如何说话，就没那么容易了。魏晋时期《世说新语》中零星记载的对话、唐朝禅宗和尚的语录、宋代话本及语录、元代杂剧、明清白话小说等，是我们可以依靠的珍稀材料。不过，最基础、全面的，当属东亚各国人士乃至近代西方人学习汉语的教材。

朝贡、贸易等因素推动着人们不断跨越国境，前往中国。为了学习汉语，他们编纂了一系列实用性强的汉语会话教材，比如《老乞大》《朴通事》《白姓官话》《官话问答》《唐话纂要》《小孩儿》《语言自迩集》等。这些教材针对的是完全不懂汉语的外国人，因此非常基础，浅显易懂；其内容涵盖日常生活的方方面面，可以借此看见古代人整个日常生活；它们几乎都不是从声母、韵母、字、词、句开始学习的现代风格语言教材，而是口语对话，并将这些对话融入一个完整的故事之中，因此读起来趣味盎然。

本书选取了《白姓官话》《官话问答便语》《小孩儿》，以及《语言自迩集》一书中对话部分。《白姓官话》是琉球人学习汉语的教材。与元、明时期朝鲜人的汉语教材《老乞大》一样，它描述了苏州商人白世芸自山东乘船回家时遭遇风暴，漂流至琉球，一年后随琉球贡船回到福州的故事。书中白世芸与数位翻译对话，不仅展现了士人之间的应酬礼节，还记录下中国及琉球的地理、民俗、政治制度。《官话问答便语》则如同元、明时期朝鲜人汉语教材《朴通事》一样，由不同场景的对话构成。每一场景皆有一个主题，包括买卖、赴宴、看病、庆生、吊丧、游乐、节日等。手持此书，便可与清朝知识分子称兄道弟地寒暄。试看《官话问答便语》中友人见面时的对话（为便理解，添加了说话者身份）：

使节：老兄大驾到馆，弟未曾远迎，多多有罪。

友人：说那里话来。近闻知兄驾今年到敝地，就要来奉候。因有事务来迟，望乞恕罪。

使节：岂敢！弟一到中国，离船进馆，行李安顿未曾明白；兼房屋漏损，现在叫匠人修理

> 停妥。方欲造府奉拜，不期老兄先来看我，
> 使弟又愧又喜。

友人：好说，请问令尊令堂都好底？

使节：托福，都好。家父寄信问候老兄。

友人：不敢当，老人家真真有心。请问尊兄是几
　　　时在贵国开船的？

使节：弟是去冬在敝国下船，船开到马齿山候风；
　　　今年正月间遇顺风放洋，五六日就到怡山
　　　院。蒙闽安镇大老爷详督抚两院，吊进馆
　　　驿安插。如今快活了。

《小孩儿》则是日本学习汉语的教材，内容是一位教汉语的先生对学生的训诂。先生历数小孩趁自己不在时睡觉、戏弄同学、打架等调皮捣乱的行为，并训诫其应该好好读书，恰如现在小学老师对学生的谆谆教导。与带有福建方言的琉球教材不同，此书所据是南京官话，反映了长江流域地区的口语。

《语言自迩集》则是清末英国人威妥玛所著的北京话教材。这部教材体例完备，从读音、单字、短句渐至长句、对话、长文，并以自创的威妥玛式拼音标注读音，随后成为各国人学习汉语的通行教材。与前述三书相

比，此书是北京口语，代表了清朝北方汉语口语。我们选取了其中对话部分，即第四章《问答篇》，以及第五章《谈论篇》的部分。《问答篇》中的十则小故事是围绕某一主题的长篇对话，《谈论篇》半是短对话，半是单人陈述，其中既有劝善劝学的话语，也有骂人、威胁的言辞，浮生百相，可见一斑。如能背诵，在清代中晚期的北京生活自然游刃有余，甚至在今日也能与老北京人切磋几句：

> 他如今来了的时候儿，动不动儿的就发豪横，信着嘴儿混骂人。算是自己的本事啊，还是怎么样呢？你们瞧瞧，长得那个嘴巴骨子，臌着个大肚子，直是个傻子，还自充懂文墨的，好叫人肉麻啊！再那说话的声儿，像狗叫啊似的，人家都厌烦得不听咯！

在底本选择上，本书《白姓官话》《官话问答便语》使用了京都大学藏写本《白姓》及天理大学藏《官话问答便语》，其影印本可见于《琉球王国汉文文献集成》第三十三册。如读者诸贤需进一步了解，则可参考《琉球官话课本三种校注与研究》（陈泽平校注，2021）。《小孩儿》使用了早稻田大学藏写本《小孩儿》，其影印本见于《日本汉语教科书汇刊》(江户明治编)第二册。《语言自迩集》(*Yü Yen Tzu Erh Chi*) 使用了 1886 年上海海关总督察统计署出版的第二版，可以在互联网档案馆(Internet Archive) 的网站上看到电子公开版。如需进一步了解，可参见《语言自迩集——19 世纪中期的北京话》(张卫东译)。整理时使用简体、规范字、新字形，个别明显错误的地方直接改正。为便理解，我们为《白姓官话》添加了一些小标题，也按内容性质、难易程度调整《官话问答便语》中的场景对话位置，添加小标题，并以括号添加个别注释。以今天的规范来看，文中依然有很多别字、俗语，但我们相信读者诸位朗读出来时，便能理解其为何意。

白姓官话

林先生较正序

予忆幼年读书，矢志潜修，立心考究。鸡窗之下一十余载，不知几经揣摩矣。讵意际会无期，屡试不就，乃弃文就武，投笔而怀班业焉。恭逢康熙五十间圣武仁皇帝万寿之期，颁下恩诏，内开营兵，凡有通晓文艺，愿应武乡试者，与武生一体乡试。煌煌天语，钦此钦遵，天下军士，跪读此诏，不胜雀跃。随即专心弓马，练习技勇，意谓此时可得异路之功名耳。孰料历考三科，竟乃不就。此亦时命之衰。先贤有云："命里不应朱紫贵，终须林下作闲人。"诚哉是言，良不虚也。怀才莫试，顾功名于我已矣。揣摩无益，只自劳耳。由是，不忍独善其身，设教四方，从吾游者盖甚多焉。数十年来，或登正路功名者有之，异路功名者亦有之。予今年登七十有四，间尝考究天下言语，各有不同，俱系土音，难以通行。唯有正音官话，可以通行天下。学习者唇喉齿舌，须当辨别清明，方得正音官话。但寻常问答只宜直截，不尚文词赘语。孔子曰："辞达而已矣。"可见应酬之际，不事繁文缛节也明矣。正在无聊之间，适有琉球国青年俊士，姓郑讳凤翼者，从吾门下。性敏心灵，天资颖异，虚心受教，极尽弟子之道，令人不胜爱慕之深。怀有一集《问答官话》，请予较正。予阅之，始知是山东登州府莱阳县白瑞临商人于乾隆十五年间遭风飘到琉球国，汇纂《官话》一集。细阅其词，果系细论条目工夫，又奚须更正为我。但思行文用此虚字虚句，可以为起承转合之过接。今止平常说话，可以不必用此文辞也。遂援笔略改一二，便见直截。妄为一序，还祈高朋勿以老叟之言为谬也，幸矣。

乾隆十八年癸酉十一月榖旦林启陞守超氏较正

山东登州府莱阳县商人白世芸瑞临氏汇纂

福建福州府闽县老儒林启陞守超氏较正

通事来访

老兄贵处是那里人？

弟是山东人。

山东那一府，那一县？

是登州府莱阳县。

老兄尊姓？

弟贱姓白。

尊讳？

贱名世芸。

尊号？

贱字瑞临。

宝舟是何处的船？

是江南苏州府常熟县的。

兄是山东的人，怎么在他船上？

因他的船在弟敝处做买卖，弟雇他的船，载几担豆子，要到江南去卖，故此在他船上。

呵，兄们是几时、在那里开船呢？

是旧年十二月十八日，在本省胶州地方开洋的。

怎么样驶到敝国来呢？

不知道，驶到半洋，忽然遇着暴风，把大桅、杉板、船梢、蓬、舵尽行打坏。船里的货物都丢吊去，那些没有丢的，也给海水打湿了。现今船上柴、米、水都没有了，这个时候总是会死。谁想皇天保佑，十二月二十九日飘到贵国大岛地方。狠蒙地方老爷可怜我们，天天赏给柴米，才得活命。

你们既是旧年到大岛，怎么今年四月才到这里呢？

说起来话长，讲不尽的。

怎么样讲不尽？请教。

弟们旧年在大岛，蒙地方老爷赏下木料等项，人工替弟修理船只。此恩此德，怎生报答得了！到今年二月二十日，北风大作。有一位通事，名字叫做喜保世，他说今日北风狠好，送你们十天伙食，快些开船去罢。弟们肚里思量，今日受此大恩，不知何日可报，没奈何，只得收拾放洋。不想命运不好，灾难又到，驶到挨晚，忽然又转西风。要想前去，其势不能，再想收回大岛，理又不便。十分不得已，收到贵国奇界岛里头。

你们是几时收到奇界岛？

弟们是二月二十一日收到奇界岛，蒙那里老爷叫小船拉进港里。这番弟们船只又被风浪打坏，不堪之极。蒙老爷恩典，要替弟们修理。弟们自家看这只船伤损狠多，修理不得，求老爷把这船烧吊，送我们随贡船回去罢了。老爷不放心，亲身同通事到船上看过，委实修理不得，才依了弟们的话。老爷见弟们在这破船上歇宿不便，从新盖起房屋，给弟们居住。赏下蒲包、草绳，把几担霉豆包好。天天柴米菜蔬、油盐酱醋送来不断。这样恩典，心实不安。到三月二十三日，船才造好，蒙老爷又拨些夫马，把弟们的铺盖、行李、霉豆等项东西都送到宝岛船上。因为没有顺风，等到四月初二日，才有好风开船。初四日到运天港里，蒙运天老爷叫船送来。因为有这闷多的阻隔，故此担（耽）搁到如今。

呵，原来有这些的事故，真真可怜。

不想我们的运气不好，偏偏接贡船又放洋开去了，不得同去。又不知道几时才得回家，替（和、与）父母妻子相见，这样苦情叫人怎不心酸！

老兄请放心，不要急。古人说得好，"聚散离别，莫非前定"，又说"大难不死，必有后福"。兄们今日遭此凶险，也是命里造定，何消这样悲伤。等到十一月，进贡的船送你们到福建，自有回家替父母妻子相见之日。如今现在这里，不必挂心。

老兄金玉之言，弟当拜谢。思量起来，弟在这里等到十一月，日子好久。费了国王的钱粮，又费了各位老爷并通事、执事人等的心力。这样高厚深恩不能报答，心里其实不安。

十一月才去，这是弟们敝国的规例。定要到那时候，才有顺风。就是国王如今要送你回去，不是天时，也没有方法。就是接待你们的费用、上下执事受些辛苦，也是救灾恤患的道理，该当如此，兄们何消挂意！总愿兄们放开心怀，不要思量家里，保养自家身体更是要紧。

兄言狠是，弟敢不遵？其实心里不得不想。

弟又听见俗语说道，"人生在世，常将把那不如己的事来解，断没有个不可解的事"，又说"退一步自然宽"，老兄你拿那个不如己的事，自家来宽解说：我遭际不好，还有那遭际不如我的哩！这样想去心里自然就会宽了。兄们遭此大难，人都平安么？

都平安。总是货物都丢吊了，寡剩几担豆子没有丢吊，也给海水打滥上霉了，也是没干的。

这也是命运。钱财原是人赚的。俗语说道，"留得青山在，何怕没柴烧"，兄们大家都得平安，日后到家，这些东西都赚得来的，愁他做什么？

虽是这样讲，只是弟们在贵国费用的东西多蒙王爷赏赐，怎当得起？等到福建的时候，又听见说福建到苏州还有三千余里，到登州还有五千多里。弟们如今货物一点都没有了，身边盘缠一厘也没有，怎么会回得到家？就是做花子，千山万水，路途遥远，奔走艰难，想来总是他乡饿鬼，叫人怎不心伤？

老兄请放心，弟听见福建的官府也有盘缠相赏，料想不妨。

这个话不过是宽解的话，那里会算得定的？做官府的事情由不得我们，有许多担搁的日子，怎么会等得？

有甚么担搁等不得呢？

老爷要发盘缠也不敢自专，定要写个文书，详到上司去。上司看了，动个本章，奏闻万岁爷知道。再等旨意下来，行文转过多少衙门，才给盘缠打发起身，这个不是担搁日久等不得的？况且一路又要拨人解送，一路关口，逢府逢县又要投文候文，还不知道怎么样的艰难苦楚哩！兄们替弟想，这个话说得是不是呢？……讲话半天，还不知仁兄的贵姓，请问高姓大名？

弟姓郑名世道，贱字民仪。

今年贵庚了？
贱年十七岁。

这里叫做什么地名？
这里叫泊村。

仁兄贵府住在那里？
小弟住在久米府。……听见他们说，兄们内中有一位身上欠安，是真的么？

有一个姓朱的身上不好。

是甚么病呢？

是痨病。

怎么得的呢？

他本来身上就有些不当好。旧年在洋面又受了风寒，担些惊怕，故此染成这个吐血病症。

可曾吃药么？

在运天港时候，就蒙那里老爷发下医生看脉吃药，并没有见效。来到这里，又蒙老爷发下两位医生，天天看脉吃药。

这几天吃药可好些了么？

还没有见好。因他病深了，难得快好，须要慢慢调养，才会见效。

兄们替他讲，既然有病，要把心放宽些，就会快好。若是再思量家乡，那病越发难好了。

弟们也曾替他讲过，只是他思家念切，恐不能放下。既承老兄见谕，停会小弟再去劝他。

列位老兄请坐，小弟告别了。

兄台再坐一会去。

小弟到要再坐坐听兄的教训，因为家下还有些小事，不得奉陪，不要见怪。

弟被风漂来，心里闷得紧。今蒙赐顾，又承大教，心里十分爽快。正古人所谓"同君一夜话，胜读十年书"。兄们今日在这里坐好久了，也没有一杯茶奉敬，多有怠慢，连弟自家也觉得惭愧。求兄台再宽坐一会，吃袋烟去。

承兄抬爱，弟当从命，只是贱忙紧急，不得不去。

府上既有要紧的事情，弟也不敢强留。只是今日相别，不知几时还肯屈驾辱临敝寓赐教，开弟茅塞之心。

好说好说，另日领教，固弟所愿。相会日期，这是定不得的。只是有一点空闲，就来贵馆领教。各位老兄请了，大家请坐，都不要送。

仁兄既要回府，那有不送的理。

岂敢岂敢！仁兄是客，小弟是主，那有客送主的道理？

小弟虽是客，既住在这里，就是主了。仁兄虽是主，既到这里，就是客了。这样看来，小弟是客中主人，仁兄是主中客人。到了墙外，小弟才是客，仁兄才是主哩！仁兄不要小弟远送，也要到门口，才是正礼。

小弟不时常来，仁兄这样礼数，弟心其实不安。

仁兄今日初会，若再来时小弟就当从命。

多谢，多谢！今到门口，请留步，留步！

呵，请了！

通事再来

通事请坐！

呵，告坐了！大家都请坐！弟常来，不要拘。那一位姓朱的这几日病症怎么样的了？

还不见好。

你们替他讲，他爱吃甚么东西，来对我说，我去回老爷，送来给他吃。

呵，我替他讲。

刚才回去问他，他说都不想什么东西吃。

送来的米、小菜，够吃不够吃呢？

狠够吃，还吃不完。

你们要用的什么东西，替我讲明，我去回老爷，送来给你。

我们也不用什么，只是夜里蚊子好多，睡觉不得。如今天气炎热，夏衣都没有，不知道怎么样才好。

我回去商量看看。

有劳了。

弟时常来的，请留步，不消送了。

呵，弟不送了，请了！

昨日你们讲的话，我去回过老爷了。老爷说做蚊帐、夏衣送来给你们。

多谢老爷天恩！

琉球的赛龙舟

请问通事，这两天外边只管打锣，做什么事情？

这是爬龙舟的在那里相斗。

你们这里的龙舟爬几天呢？

我们这里的龙舟是四月二十八日下水，五月初六日上岸，不过八九天的光景。你们大家要看，到初四日，我来邀你们出去看看，也好解解闷。只是我们这里爬得粗卤，不好看，比不得你中国爬得好看。

这里龙舟共有几只呢？

这里只有一只，那霸港有两只，一共三只。到初四日，这里的船也到那霸港口，会拢一处斗爬。

有小船跟着么？

并没有。

这样看来，替我中国的龙船差不多一样。

中国是怎样的？

我们那里，一只龙舟就有四五只小船前后相帮。日里舞旗招摇，使枪弄棒；夜里点灯结彩，弹唱歌舞。也是四月二十八日下水，五月初六日上岸。

那自然好看些。

还有一件事情要替通事商量，不知道使得使不得？

什么事情？

我们那几担豆子，不知道放在那里？

放在那霸。

这几担豆子，我们回家的盘缠全靠着他。如今虽有些霉的，也还有些好的，恐怕放在那里日子久了，里头发起热来，都是没干的了。求通事替老爷相议，不论甚么价钱，这里替我卖去，弟们感恩不尽。

我们这里的王法，贵国有飘来的船，都不替他买卖，着实严紧，谁敢故犯？这个豆子要卖，断然使不得的。

不通买卖这个话，弟在外岛也听见说了。只是遭遇有个常变，做事也有个经权，原是定不得的。若是在这里住不长久，这个豆子可以不卖；这里住得长久，这豆子不怕发热的东西，也可以不卖。于今要到十一月才得动身回家，这闷长久，豆子是有油的东西，一时发起热来，怎么好呢？贵国法度虽是严紧，不过是处常守经的道理；当这样的时候，遭此大变，以情理算起来，通权达变的道理未尝不可行。若是通权，把这几担豆子替我们卖去，有多少的好处：一则省得日夜看守，费人的心力；二则省得装来装去，费船只的往来；三则省得发热，免生油气。这是有用的东西，撩在那没有用的地方，也不可惜了？就是贵国也省得许多的劳心，怎么样就断然使不得呢？求通事替我回声老爷，求老爷主裁，准给发卖，我们感谢不尽。

我替你回老爷一声，看老爷如何主意，再来回复你们。

虽是老爷做主，还求通事帮衬才好。

这个不消吩咐，可以做得来的，没有个不尽心的。

多谢！通事又要费心了！

好说，请了！

你们所托的事，我替老爷讲过了。老爷说，难道不依你们吗？只因这是国王的法度，谁敢替你私下偷卖？若是怕他发热，只好叫人天天挑去晒。若是要卖，这个断不敢行这通权的法，求你们见量见量。

中国同伴

我才听见说，贵国又有漂来的人到这里来了。
怎么讲？又有漂来的人到这里了？如今在那里？
现在马齿山。

通事怎么知道？
刚才马齿山有文书报来，所以知道。

这马齿山在那里？
就在这港口外边，离这里不多远，可以望得见的。

旱路去得么？
旱路去不得，只是水路去得。

是那里的船？
是福建的船。

福建什么地方的？

是福建厦门地方的。

他的船还好么？

船打坏了。

人都平安么？

都平安。

船上共有多少人呢？

连客共有二十七人。

既是福建的船，想必客人也是福建的人了？

有一位客是你们的乡里，也是江南苏州府人。

叫什么名字呢？

我见那文书写着姓潘，名字忘记了。

这一向都没有什么大风，他怎么样漂到这里？可也奇怪。

他不是如今才漂来的，也是旧年就飘来的了。

　　这更奇怪了，既是旧年就漂来的，这里替马齿山相隔不远，他怎么不早来通报，也好随接贡船送他回家。怎么担搁到如今，这是为何？

　　他去年漂到敝国的时节并不是在马齿山，就是在外岛太平山地方，离这里好远。

　　在那一方呢？

　　在这西南方上，要有西南风才可以来得。因他在那里等好风，故此担搁到如今。

　　呵，原来这样的！如此看起来，想必是太平山的船把他们送到了马齿山，马齿山的老爷才有文书来报。

　　正是。

　　敢问通事，我们同病的人就住在马齿山，还要送到这里来住呢？

　　怎么说是同病的人？

　　就是太平山送来的那些漂来的人那。他们是去年被风打到外岛的，我们也是去年被风打到外岛的；他们是于今才到这里，我们也是于今才到这里；他们没有赶上接贡船，我们也没有赶上接贡船。这不是同病的么？

呵，这样讲究么，还要送他们到这里来住了哩！

几时才得来？

大约明日就来了。

住的房子有了么？

还没有做，就要动工起盖了。

起得及么？

起得及。

在那里起盖呢？

就在这西边，替你们做邻居，可好么？

好极了！我们在这里孤单得狠，他来这里做伴，真真可以解些愁闷。前日有一位姓阮的，在这里讲话半天，讲得狠好。这几天不来，好闷杀我了。

他叫甚么名呢？

他叫崇基。

那是舍亲。

呵，是令亲么？甚么亲呢？
是我同门。

既是同门，若有便人，烦劳通事寄个口信去给他
知道：他若得闲，请他来这里玩玩。
若有顺便的人，我捎信给他。

通事兄仲几位？
兄弟四个。

你排行第几呢？
排行第二。

令兄令弟怎么不到这里来玩？
家兄舍弟因为家里有事不得来到，等有闲的时候
就来奉拜。你们请坐，我回去了。

再坐一会去。
停会再来。

阮先生来

阮先生来了！久违久违，请坐！
呵，告坐了。这几天各位老兄都平安么？

托福平安。
那一位姓朱的病可好了么？

这几天略好些。这三位先生贵姓？
这两位姓蔡，这一位姓郑。

想必替郑通事、蔡通事都是一家了，不知道什么名字？

这位字定庵，名天保，是郑通事一家。这位名永思，字克比，是蔡通事一家。这个就是蔡通事的令郎，名楫，字克慎，替小弟是郎舅。

呵，蔡通事是先生的令岳翁么？
是家岳父。

各位先生，弟们被风漂来，不知贵国的礼数，又不知贵国的言语，得罪处狠多。敢求见谅，不要记怪。

岂敢岂敢，天下总是一礼。中国乃礼义之邦，兄们居中国，弟们僻处海隅。如今兄们到这里，弟们正要到这里领教，怎么说不要见怪呢？

弟生性愚蠢，又未尝学问，礼数一点也不晓得，有什么教可领呢？

好说，老兄不必过谦。

蔡兄青春多少？

学生痴长十五岁。

好青年！令尊贵庚？

家父五十一岁。

我们漂来，带累令尊翁大人日夜在这里劳心费力，不得回府安心自在，我们真是千古之罪人。

小舅官话一点点晓得，先生才讲的话，他不明白。

令舅既不明白，求先生替我转言。

呵，遵命。

令舅讲的话，小弟也不晓得，求先生教我。

小舅才讲的话说，他家父身任国事，正该公尔忘私，国尔忘家，就是受了一点辛苦，也是职分当然。只是精神衰微，办事不明，上负老爷的恩，下伤朋友的义，得罪兄们，还求见量。

蔡兄这话一发使我们不安了。

琉球通事制度

请问阮先生，我们在外岛看见，那些该班的人来看守我们，都有替换。或三天一换，或五天一换，轮流着来。独独通事两位都没有替换。这里也是这样么？

这里不是这样。

这里是怎样的呢？

这里的通事是一个月一换。

这里的通事有人替换，外岛的通事没有人替换，是怎么说呢？

弟也不晓得。想必外岛的通事止有两个，所以才没有替换。

　　这里的通事有多少呢？

　　这里的通事狠多，其中品级经管不一样。你们在这里，有照顾你们的通事；你们回去，有送你们过海的通事；有在福建馆里料理事情的存留通事，有跟随大老爷到北京进贡的大通事。

　　前日先生在这里讲话半天，小弟领教狠多，心里茅塞不觉顿开。到先生回府，连日没有相见，心神恍惚，就像打吊东西一样。《诗经》所谓"一日不见，如三秋兮"，正是这个意思。前日也曾托过贵同门郑通事，寄一口信问候，不知到了没有。今日又蒙下顾，真真三生有幸了！

　　小弟本爱天天来领教。因为家事所累，不得前来。昨日敝同门托人寄信，甚感兄台过爱，所以小弟今日撇下家事，特来拜谢。这几日天气炎热，夜里蚊子狠多，日里不得安宁，委实难过。你们贵国也是这样么？

　　我们敝国也不一样，江南地方替这里差不多的。山东地方比这里风凉些，蚊子比这会少些。我们在这里，如今天气虽是炎热，蚊子满多，幸喜老爷怜悯我们没有帐子，就做些帐子赏给我们；没有夏衣，就做些夏衣发来。若不是老爷这样恩典，还不知我们怎样难过哩！

兄们自从到这里，有出去外面玩玩、解解闷没有呢？

前日承通事的美意，邀我们出去看龙舟，又承费心办下酒席，请我们大家吃酒，吃完了又到庙里去玩耍了半天，方才回来。

听见说贵国的龙舟好看，敝国的龙舟没有什么好看。

贵国的龙舟也好看，替我敝国的龙舟略不相同。

那边盖起的房子，是什么人住在里头呢？

也是漂来的人，就是前日太平山送来的。先生还不知道么？

弟也听见说到，不晓得住在这里。他们的船是商船，是哨船呢？

是商船。

是那里的商船？

是福建的商船。

你们替他都认得么？

他们福建的人，认不得他。

他们都是福建的人么？

有一位是苏州府吴江县的人，我们也认不得他。

我们如今过去看他一看。

先生过去看他，还来么？

天晚了，小弟过去看了他就要回去，不来了。

既是这样，小弟送送。

前日讲过，再来不消送，怎么今日又要送呢？

虽是这样讲，今日蔡先生替郑先生两位是才到这里的，那有不送的理？

岂敢！小弟虽是才来，朋友之间不拘礼数，请留步！

呵，从命了。先生明日还来么？

明日若是没有事情，就来领教。请了！

不送了！

通事换班

通事请坐！

呵，有坐了。

各位先生都请坐！

他们不晓得官话。你们让他坐，他也不晓得。

各位先生既不晓得，还烦通事替我转言，致意一声才好。

呵，我替他讲。讲过了，他说多谢。这两位是照看你们的，今日下班要回家去，特来告辞。这两位也是照看你们的，今日上班，特来奉拜。

承蒙雅爱，多谢多谢！各位先生因我们在这里，来的来，去的去，劳劳道路，不得安闲。又承下顾，我们怎么当得起！他既来拜我，我若是不去拜他，就不是礼。我该当去回拜。如今先生回去的朋友，小弟不得奉送；新来的朋友，又不得去拜望。求各位先生恕罪恕罪！

你们讲的话他们也不晓得，只是他们也是替国王办事，应该这样的。就是做通事的也有替换，今日弟也要回去了。

怎么通事今日也要回去呢？

正是，今日要回去了。

甚么时候动身？

新通事还没有来到，等他到了，交代明白，弟才动身。

我们替通事才相熟了，通事又要回府，叫我们怎么舍得？不知今日别后，几时才得相会？

回家住一个月又来替你们做通事了。今日换来的通事也是最好的人，你们放心。要用甚么东西都对他说，他自然替你们料理。

请问通事，才换来的通事贵姓？

姓林。

想必蔡通事今日也要回去了？

呵，今日也要回去。

通事府上到这里也不多远么？

呵，不多远。

既不多远，通事有闲的时候，敢求来这里讲讲玩玩，不要弃嫌。

岂敢，若是有闲，自然来奉候。还有一句话，先要告罪。

好说，通事有甚么话见教请讲，怎么说告罪二字？

停一会林通事若是来得黑了，弟就收拾起身，不得前来告辞，不要见怪。

岂敢，岂敢！通事回府时候，弟们也不得去送，多有得罪，莫怪莫怪！

岂敢。

弟这里还有替通事点的书，今日带去不带去呢？

点完了么？

还没有点完。

没有点完，把那点了的给我带去，还没有点的放在这里。等点完了，小舅蔡克慎不时常来，交给他转寄给弟。费兄的精神，再来拜谢。

通事怎么讲这个话？小弟愚蠢，不知世事。前日承通事命下，不敢有违，已属妄为，令人见笑了。今日通事又讲这个话，一发使弟惭愧不过，就像坐在针毡上头一样，心里其实不安。

弟还有一事相托。

通事有什么吩咐，弟没有个不听从。

小舅蔡克慎，那中国的礼数言语，都不知道。他来的时候，求兄不要吝教，尽心教导，他自然晓得。

弟是山野村夫，都没有一点见识。通事既然不把弟看做愚人，令舅来时，弟不晓得的就罢了，若是晓得的，没有个不尽心教导的。

多谢你们，这样狠好。弟还要同他们到福建朋友那边去看看。你们大家请坐，不要动身。

呵，失送了！

林通事来

各位老兄失惊了！

嗳，一言难尽！先生请坐！

呵，大家一同坐。兄们都是那里人？

也有山东的，也有江南的，也有浙江的，不是一块的人。

船主是那里人？

是江南的人。

江南是那一府那一县呢？

是苏州府常熟县。

姓什么？

姓张。先生贵姓？

不敢，贱姓林。

昨日郑通事讲，有一位姓林的来做通事，替他回家，敢莫就是尊驾么？

正是小弟。

失敬了，请烟！

刚才偏（吃，谦辞）过了。

再吃一袋！

不用了。

通事既不吃烟，请杯茶罢。

呵，多谢了。弟昨日到这里，就要来贵馆拜望，因天时晚了，恐怕不是礼，故此等到今日才来拜望，未免迟了。恕罪恕罪！

好说，岂敢。小弟不知尊驾到来，失了迎接，多有得罪，求通事不要见怪。

岂敢，弟承老爷的钧命，来替你们做通事。你们要用什么，都替弟讲，弟没有个不尽心替你们转禀的。只是官话本来不大晓得，又兼好久没有到中国去，官话晓得的都忘记去了。如今听你们的讲话，弟还知道；弟自家说就说不出来，还要求你们教导才好。俗话说的好，"三日不念口生，三日不做手生"，又说"拳不离手，曲不离口"，真个有这个事。弟当日在福建的时候，耳之所闻，目之所见，往来交接都是中国的言语，所以略略晓得。如今回来好久了，贵国的官话礼数好久没有听见，故此都不记得了。

通事的官话很好，你们这个话是谦虚的话了。我们有一件事情要替通事商量，不知道怎么样才好。

有何见谕，请讲。

如今天气炎热，房子里头一点风也没有，又见里头暗暗的，意思要把这前头的房檐下边开两个窗户，一则通些风进来，二则也见得里头光亮，好不好呢？

这样也好，只是日头照进来，也有些不便。不如外边靠着房子盖一个凉篷，里头房檐下开个窗户。家里一来有风，二来也没有日头照进来。这样不更好底？

这样果然好，只是又要费你国王的钱粮、办事人的心力，我心上怎么过得去呢？

兄们说那里话，兄们放心保养身体，大家平安回家，别的都是小事。那边住的就是福建的朋友么？

呵，正是。

弟过去看看他们就回去禀报老爷知道，好替你们料理起造凉篷、修拾窗户的事情。

通事才来就这样替我们劳心，感谢不尽。

昨日议论的事，我们老爷无有不依。本要今日就来修拾，偏偏那边有公事，那些做工的人不得空闲，木料东西还不够用。现今吩咐人去修办了，等明日来修盖，可使得么？

这件事情没有甚么要紧，既是那边有公事，只管去做。若是明日来不及，就是后日；后日来不及，就是大后日来这里做也不妨的。

今有一件事要替你商量。

通事有甚么事？

今日医生说，朱三官的病，吃好多药了，并没有见效。大约因这里人多，日夜吵闹，不得清静，才不见效。这也未可定。想要另盖一间小房子，叫他在里头住着养病，好不好呢？

这样狠好。还不知道朱三官肯不肯，等我替他商量看看。

你对他商量，只说有病的人定要养静才会快好，他没有个不肯的。

才替他说了，他问要在那里另盖房子给他住。若是在这房子左右他就肯；若是远了，我们大家来往不便，不独那病人不肯，就是我们大家也断然不肯的。

你我大家一起过去看一块地位，就在这房子东首，可好么？

这里很好。

既然这里好，明日叫匠人在这里起盖就是了。

讨要人参

病人朱三官有一句话叫我替通事讲，只是这一件东西狠贵，又不知道贵国有没有，我们本不好开口。因是通事时常讲过，病人要用什么东西都替你讲，我今日才敢大胆开口。

弟替兄们住处虽是天各一方，既到敝国，弟做通事，传两边的话，时刻来往，就像一家了，有话不妨满说，何消做这样客套。

人参这里也有么？

有。

是本地出的么？

本地没有出，也是贵国买来的。

朱三官的病症十分沉重，又久了，也爱用人参一点，不知道有没有，也不知道吃得吃不得，求通事替老爷、医生大家商量商量。

如今医生不在家。

那里去了？

有人请他看病去了。

几时回来？

下晚回来。等他回来，我替他商议。若是用得，就去回老爷。

出门散步

今日天时清凉，你们大家出去走走玩玩，解解闷，好不好呢?

狠好,不知道去那里玩?

就在这西边庙里、山上、沿海一带地方。

有景致么?

也没有甚么景致,不过闲步散闷就是了。

什么时候去?

随你们的便。

如今就去好吗?

也好,你们大家穿衣裳,我回去叫那照顾你们的人来,陪你们大家去。又叫一个人,拿一壶茶跟着,走得渴了吃一杯也好。

我们并没有什么衣裳,就是这随身的衣裳去罢了。

既是这样,你们略停一会,我去约他去。

通事来了,请替各位先生进来坐。

不进去罢。

进来吃袋烟再去。

刚才吃了，如今他们都来了，大家就走罢。

呵，通事先走，我们随后。

你们在这里是客，还是你先走。

我们不敢有僭。

好说。

我们先走，不晓得路头，又不知道往那里去。到是通事先走才好。

既然这样，我前头引路便了。

我们好久都没有走路，如今出来走没有多久路，两边大腿好酸不过。在这树下歇歇，吃杯茶凉凉再去，使得使不得？

好得紧。

朱三官病情

请问通事，我们看那朱三官的病十分深了，恐怕不会好。医生可有说医得医不得呢？

医生也曾说过，他的病症就是你们贵国的医生也难医得好了。天天在这里替他看病的那两位医生，那一位年轻的是这里的，那一位年老的是首里府国王差来的。这两位是敝国最好的医生。

既是这样，他也狠不爱吃药，如今不要给他药吃也罢了，何苦枉费了国王的钱粮。

这个使不得。我们国王爱民如子，譬如儿子有病，做父母的也明明晓得医不好的，怎么肯看着他死，不给他药吃呢？这自然要药给他吃，也省得日后懊悔。

既是这样，他虽然不爱吃，也不得不劝他吃了。

若不叫他吃，一则辜负国王的天心，二则又恐怕见怪，说我们不理他，不肯尽心调治，加罪我们，怎当得起呢？

通事这些话，可见是体谅国王、怜悯难人的意思。若是托天保佑会好，这是他的造化，也不枉通事费心一场；若是大数已定，难以答救，死了之时怎样替他料理呢？

这个你们到不消挂心，我们自有主意，替他备办。

往年漂来的人，也有在这里死的没有？

康熙年间有一只哨船被风漂来，船上有一个头目姓王的，得病死了，就在这庙前埋下。

琉球风景

那边高山顶上远远看见一所寺院，里头供养是什么神像呢？

我也不晓得。

我们这里玩耍好久了，如今从这海滩上一路走去，看看海面的光景，慢慢玩着回去罢。通事，你看水中几只小船摇来摇去，是做什么的？

是讨鱼的。

山嘴那边两只大船张篷出来，是什么所在？

是那霸港口，将来你们回国，就到那里去上船。

进贡的船，也湾在那里么？

正是。

前日郑通事说，我们那几担豆子屯在那霸地方，想必就是那里了？

我也听见讲就是那里。

我们要求老爷把那几担豆子在这里发卖，省得霉烂。老爷因为有禁，不准发卖，肯替我们时常搬去晒，如今不知道怎么样晒法？豆子是有油的东西，比不得别的货物。趁着日头晒了，又要等日头落了，没有热气，凉了才好收拾起来。若是收起早了，正晒热的时候堆在一处，越发霉烂得快了。那豆子原是草包包的，要打开包晒晒才好。里头原是给雨打湿了的，若是把原包抬去晒，怎么会晒得透呢？

这些事情我还不晓得，等我问个明白再来回复你们就是了。

那一造横桥叫做什么名？

叫做泊高桥。

看那横桥做得狠好，上去玩玩，使得使不得呢？

使得。

这桥头靠北的那一座石碑，可就是为这桥竖的？

正是。

这桥是什么年间造的？

是康熙时候造的。

康熙以前没有桥么？

有桥，当原先是木桥，年代久了，桥梁损坏，走过不便。国王发心，才造这座石桥。

远远看着那一起人，好像阮先生和蔡先生来了。

呵，我们看着到是像他，那几位到底看不出来是谁。等他到了，自然认得。

各位先生请了，大家都在这里玩么？

呵，蒙通事的情，带我们出来，到那山顶海边满处看看玩玩。一则解解愁闷，二则广广见识。将来到家的时节遇着亲戚朋友，问起贵国的光景，我们也好称赞一番，也不枉来这一遭。

好说，敝国地方褊小，偏僻所在没有什么景致，那中得先生的观看？不日尊驾回国，替那乡里亲戚朋友讲话之间，说到敝国的情景，真真令人见笑！

岂敢，岂敢！贵国情景狠好，弟们恋恋不舍。

这又是兄们太褒奖了。

众位先生这一向怎么都不来呢？敢莫我们有得罪么？

说那里话，弟因家里有些小事，不得前来领教。得罪，得罪！

岂敢，岂敢！请到敝馆去坐坐。

兄们好久没有出来，再玩玩去。

弟们玩好久了，回去罢，请了！（片刻之后）通事请进去！

罢了，我不进去，也要回去敝馆看看。

没有事情进去吃袋烟再回去。

我虽然没有事，他们陪你出来的人要回去，我替他一起回去也好。停一会再来吃烟罢。大家请便！

劳通事的大驾陪我去玩，感谢不尽！又劳这几位先生的大驾，起动通事替我道谢一声。

你们请进去，我替他说。

阮先生替各位先生请进！

不敢，还是先生前步！

这个使不得。你们到我这里是客，我们怎敢僭先呢？请，请！

有僭了！

家里热不过，我拿几领席子出来，铺在这篷底下，大家坐坐凉凉，好不好呢？

这个狠好。几天没有来，贵馆收拾的比前大不相同！外边有这凉篷，可以乘凉；里头开了窗户，又见光亮。好得紧！

这都是老爷的恩，可怜我们难民的美意，所以才得这样的自在。

兄们到这里，敝国的甘蔗、番薯大约还没有吃着。今日弟们备有几斤送你各位先生尝尝，不要弃嫌。

多谢盛情！遭难到这里来，承各位先生不弃，早晚看顾，教导世事人情。一则消解愁闷，把我想家的心肠都减去一大半；二则各位先生所讲的话，都是大道明言，把我冒昧心肠，也觉得了然，心里不胜感激。今日又承台爱，送下这样东西。弟在这里，并没有一点东西回敬。若是不收，又恐怕见怪；若是收了，自己又见惭愧。心里其实不安。

说那里话，弟们生长海边，浅见寡闻，并没有明师益友，广我见识。你兄们都是大邦人物，礼义之乡，言动举止那一件不是给人可学的？弟本爱天天来领教，因家事挂累，不得前来受教，心中自觉茫然不安。今日略有得闲，特意来到这里请教。兄们反说领我们的教，这话又从那里说起呢？送那一点的小可，不过是弟们家里栽的，何消挂意？兄们又是被风打来的，没有东西那个不知道。知己朋友不要拘那礼数，弟们一点芹心，望兄收下，不消做这样客套。

弟还有一言告禀：这一回的盛情，没有个不收的道理。从今以后，再不要这样费心，委实叫我过意不去。

呵，从命了。……这房子东头新盖那一间小房子是做什么的？

这是老爷体量那病人的。因为这边人多吵闹，恐怕病人不安，所以另盖这一间小房子，给他住在里头养病。

有病的人自然要清静，病才会容易好。请问先生，那病人这几天吃药会好些底？

没有见好些。……蔡先生，令尊大人在府么？

呵，在家里头。

这一向都好么？

托福，今日小弟来的时节，家父吩咐请各位先生的安。

多谢挂心！令尊大人怎么这几天都不来这里玩玩？

因有小事在家料理，不得来问安，多多得罪！

前日令姐夫郑通事留有几本书在这里点，如今点完，蔡先生顺便带去，寄还给他好么？

昨日见家姐夫，也替我说过，先生这里替他点的书。既然点完，小弟带去还他，好不过的。家姐夫还有话托小弟说，有劳先生，另日面谢不尽。

　　好说，烦劳兄台，替令姐夫说一声：弟所点的差错处狠多，不是弟不尽心，弟因见识有限，不要见怪。看有不着所在，自家更正。定庵郑先生，这几天你们有见他没有？

　　见他来了。

　　是几时见他？

　　今日早起见他来。

　　在那里见他来？

　　因有一点小事，到他家里去见过。

　　到他府上有何贵干呢？

　　实不相瞒，他祖母身上得病，去他那里问候。

　　是什么病呢？

　　脚后跟生一个疮，也不知道是什么疮，好利害不过。

　　有请医生料理没有？

　　有，正在那里上药，还没有见效。

怪道是，我当是他怎么这几天不来，原来是这样的么。借重阮先生，若是再见着他，替我问候他祖母的疮好了没有，拜托拜托！

好说，承先生的吩咐，自然奉命。

邀请吃饭

如今天黑了，弟们回去，明日再来。

我们夜饭煮好了，就在这里吃个便饭回去罢。

多谢多谢，我们家里有事，回去吃罢。

弟们留你兄们在这里吃饭，不是为兄们家里没有饭吃。大家都是好朋友，在这里讲话玩玩，遇着吃饭的时候，就在这里吃一点何妨？只是做的没有什么味道，不当好吃，不要弃嫌！兄们就在这里吃饭，也是贵国的东西，并不是我们的物件，说什么多谢呢？

虽是这样说，我们国王送给你们吃的，就是替你们的都一样，如今我们吃了，恐怕你们不够。

说得一发可笑了，兄们会吃得多少，我们就会不够？国王天天发来的东西、柴米，吃都不尽。今晚定要留你在这里吃顿去，我们才得安心。兄们不要这样做客。

先生好意相留敢不领情？现在奉禁不敢有违，小弟心领就是了。

怎么说是奉禁呢？

这柴米、东西是国王送给你们的，就算是你们的了。敝国的法度利害，大凡你们的东西，不论大小多寡，就是一草一木、一针一线，也不许我们要你的。若是在这里吃饭，门上看守的人看见，报给老爷知道，我们就不好了。

这样说来，你们送我的东西也是违禁了？不然，这又是怎么讲呢？

我们这里规矩只许我们送你东西，不许我们收你的东西。我们送你东西，国王知道就欢喜；我们收你的东西，国王知道就恼起来。求兄见谅见谅！

这话我也再不肯信！这个不过是吃食的东西，又不是什么稀罕的东西。现今在这里，并没有人看见，请吃一点不妨？

这是掩耳偷铃的话，只好瞒自己，瞒不得别人。你都不听那古人说，"人间私语，天闻如雷"，又说，"欲要人不知，除非己莫为"。今蒙老兄过爱，本不该推辞；现今天时晚了，回去路上还有一块有水的地方，趁这退潮的时候好走不过。若再担搁一会，越发晚了，潮水又满，那时行走不便。今日甚是领情，像是吃过一样。弟告辞了，不要见怪！

潮水还早，兄们要去，总是不爱在这里吃饭就是了。既然不肯吃，弟也不敢强留，请坐吃袋烟去。

罢，不吃了，各位都请坐用饭，弟不陪了，请了请了！先生替家姐夫点的书拿来给弟带去。

呵，蔡先生回去，烦劳替我问候令尊大人一声。

呵，多承厚意了！请了，不消送，请留步，不要拘礼。

呵，失送了。

郑通事来

你看郑通事来了。通事请坐！

呵，告坐了，列位都请坐！

通事这一向贵体都好么？
好。

府上都平安么？
都平安。你们大家都好么？

托福。
朱三官的病如今怎么样了？

不见好，一发沉重了。
他在那里住？

在那边新盖的房子里头养病。
我过去看看他。

呵，朱三官，通事来这里看你。
嗳，多谢劳驾了！

你睡着不要起来。一天吃得几顿饭呢？
也不定，三顿也吃，两顿也不打紧。

吃干饭吃稀饭呢？

吃稀饭。

一顿吃得多少呢？

有时吃得两碗，有时候只吃一碗多些。

你要安心静养，不要性急。我回去了。

通事再到那边去坐坐，吃钟茶讲讲再去。

呵，我看朱三官的病，其实利害。你们大家用心
伺候看守他要紧。

晓得，不消通事吩咐。林通事回家去了么？

回去了，昨日我来得黑了，他又去得急，所以不
来这里告辞。他说得罪兄们，失敬了，不要见怪。

好说，岂敢！前日托令舅寄去的书，通事可曾收
了么？

收过了，多谢，费心得紧！

好说。敢问通事，今年去中国的船是几只呢？

接贡的一只，送你们飘风来的两只，共总三只。

几时回来呢?

大约七八月才得回来。

今年进贡,还是等这只船回来才去得呢,还是另有船去呢?

总是八月十五日为定。若是这个船回来了,就用这回来的船去;若是没有回来,就另造一只去。

进贡的规矩,是几年一回呢?

两年一回。一年接贡,一年进贡。

进贡、接贡共用几只船?

三只船。进贡两只,接贡一只。进贡呢,是进上的贡物、差去的官员,还有学官话的人一起到中国去。接贡呢,是接皇上钦赐国王的东西,差去的官员、那些学官话的人一起回本国来。

这里起身去,那边起身来,都有一定的时候么?

有一定的时候。这边头一年十一月间开船过去,到那边过年七八月间开船回来。

进贡是什么东西呢？

敝国是个穷国，没有什么稀奇的东西，不过是硫磺、红铜、白刚锡这三样就是了，没有什么别的东西。

这里的船到福建去，收在什么地方湾泊呢？

收在南台后洲新港口河下湾着。那里有琉球公馆一所，名字叫做柔远驿。船到的时节，把那贡物、行李、官员人等都进馆安歇。驶船那些人都在船上看守。抚院题本，等圣旨下来。到七八月间，这里差去的官员收拾上京，到十二月才会到京。上了表章，进了贡物，还要担搁两三个月。到来年三月时节，才得起身回福建。等到七八月，只留一位存留通事，跟随几个人，在那里看守馆驿。其余各官人等都上接贡船回国。读书学官话那些人爱回来不爱回来，这个都随他的便，是不拘的。

差去进贡的官员是什么职分呢？

耳目官、正议大夫、北京都通事，以下还有过海都通事、存留通事、大文、小文这些官员人役。

通船共有多少人呢？

官伴水梢，共有一百多人。

我们旧年被风的时节，在洋里飘流，差不多要到这里，看见好几个岛子，也不晓得那岛子里头有人家住没有，也是贵国所管的么？

远不远呢？

也不当远，大约有半天路的，也有一两天路的。

想必都是这里所管的地方。

我听见说，当日这里有三王，南有南山王，北有北山王，这里叫做中山王，后来都归中山，就是如今的王爷。周围所管的共有三十六岛。这话是真的么？

真真是这样的。

贵国进贡是从那一朝才起的呢？

敝国进贡是从唐朝起的。贵国有漂风来的人，我们琉球都叫他们为唐人。

怪道这里人叫我们是唐山人，原来是这个缘故么。

那时候我们敝国的人从没有见圣人的教化，也没有听见圣人的道理。中国的礼数全全不晓得。我们国王差几十个人到中国去学。后来到洪武二十五年间，皇上拨闽人三十六姓来这里教导；到万历年间又拨闽人六姓也到这里来教导，中国的礼数才略略晓得一点。

你们的王府在那里呢？

在首里府。

前日我们到那边去玩耍，望见那霸港口。林通事说，贡船就在那条港里湾泊。

正是。

这那霸港口也是首里府所管的么？

不是，是那霸府管的。

通事贵居在那一府呢？

敝居在久米府。

首里府的人，也会讲官话么？

不会。

他怎么不学官话呢？

首里府的人就像中国的满洲人一样，他不做通事，所以不学官话。久米府的人就是明朝里发来四十二姓的人，就像你中国汉人一样。凡有中国飘来的船，替那到中国进贡的船，都是用久米府的人做通事，所以要学官话，才会替国王办得事情。

这里去中国，要什么风才是顺风？

这里去福建，要东北风才是顺风，去浙江地方要东南风才是顺风，路远一些。总要正东、东南、东北这三面风才好走。

十一二月东风狠少，贡船怎么去得呢？

敝国的风替贵国的风有些不同。到隆冬的时候，东风狠多，你们大家放心。

几天会到得福建呢？

有好顺风，五六天可以到得。没有好顺风，这就论不得了。海洋事情不可测度的。当日康熙二十二年，皇上差一位姓汪的、一位姓林的两位大人过来封王。在福建定海地方开船，只三天三夜就到这里。大家惊怪说，从来没有这么快的，这都是圣天子的洪福，神明的护助，才有这样快的，不是我们人力会做得来的。

这一路上有地方可收得么？

有。

有什么地方？

在那霸港开船，收马齿山。马齿山的柴火狠便，到那里备办了柴火，然后开船，过马齿山去，还有古米山可收。再过古米山去，进了大洋，就没有地方可收了。路上还有四个小岛子，也没有抛碇湾船的地方，只等望见那福建的山头，才收进五虎门去了。

朱三官病逝

通事请茶！

不吃茶了。

天时热得狠，把衣裳脱吊凉快凉快。

说久了，回去罢。

再坐坐讲讲去。

我馆里还有事情要去料理，等有闲的时节再来叙叙。你们须要时时刻刻看守朱三官，他的病势狠重，若是危急了，就差水夫来也好，叫看门的人来也好。快快报给我知道，我好赶来看他。

呵，晓得，不送了。

朱三官的衣裳都在那里，拿出来预备好好的。若有不虞的事，那时候手忙脚乱，担误了他终身之事。

水夫，朱三官没干了，快去请通事来。

通事请坐。

呵，有坐。他不好了么？

不好了。

嗳，可怜可怜！你们快写一张报故的呈子，我去报知老爷，奏明国王知道，好去备办棺材衣衾，殡殓埋葬的事情。

呈子该怎样写，求通事教导。

也没有别的意思，只是这样说：他的病是几时起的，蒙这里老爷怎么样请医生替他调治，总不见效，某月某日死了。求老爷奏明王爷，可怜中国异乡人，赐下棺木埋葬，感恩不尽的意思。就是这样写去就是了。

　　具呈　　难人瞿张顺为据实报明，更乞怜悯事，切。顺船上水手朱三官，因去岁在洋被风，艰苦受惊，染成痨症。今年三月间，在奇界岛内吐血数次，奈无医生药治。四月初七日到运天港，蒙该地老爷延请医生药治，未见稍愈。本月十七日送至泊村，又蒙本地老爷赐下两位医生，效脉服药，并赐人参调治。奈因病根太深，不能见效，不幸于七月初七日酉时身亡。恳祈老爷更加哀怜，奏知王爷，赐棺收殓，庶免尸骸暴露。择地埋葬，得安魂魄于泉下。顺等不胜急切待命之至。上呈。

通事你看看，就是这样罢。

写完了么，我拿去送给老爷。各位请了，我去就来。

我们老爷说，朱三官死了，棺木埋葬的事都是我们替他备办，你们不必心焦。还问你们几时殡殓他。

如今天时炎热，明日一天办得及么？

大约一天也办得及。

若办得及就是明日殡殓他罢了。目下热得狠，放在家里不便。

　　既是这样，我去回老爷去。

　　通事怎么就回来了?

　　我才先去得忙了，忘记一件事情。老爷还问，他死了穿的衣裳有没有，好做些衣裳给他。

　　他随身穿的还有，都给他穿了，多谢老爷费心，不消做了。

　　我想老爷特意叫我来问，你说不消，老爷断然不肯。我去回复老爷，做一件送来，好不好呢?

　　这个任凭尊意，只是我们过意不去。

　　说那里话，我就是这样回老爷去。夜深了，明日再来。

　　有劳通事，心实不安。

　　好说，请了。

　　今日我们国王发下祭礼，差官来祭奠，先来报给你们知道。

这个如何使得？他是白身的人，怎么受得国王的祭？求通事回明老爷，奏明国王，说他不敢当这样大礼才好。

这个怎么会辞得呢？

他既死了，也要叫他魂灵得安。如今王爷差官来祭，就是王爷亲自来祭一样，他是白身人，怎么得安呢？他不得安，怎么敢飨呢？这样的辞谢就是了。

我的愚见，不要叫官来，单把礼物收下，你们自己祭他好不好呢？

这样还好。

既是这样好，我去替你们辞吊。

多劳多劳，感谢不尽了。

我替你们辞吊了，就是照这样的。在这里照顾你们的老爷也要来上祭。

这个也要借重通事，替我们辞他才好。

我都辞过了，老爷不肯，还要去到那埋葬的所在，看着下土。等老爷来，你们自己辞他罢。

我们讲话，老爷不懂，还要借重通事替我转言。

自然自然。我看天天到这里来、那学官话的人好几个在那边备办香烛、东西，想必要到这里来烧纸。

他们怎么都知道？

我也不晓得他怎样都知道。

各位先生都请坐！

呵，那位有病的老兄不在了么？

不在了。

可怜可怜！什么时候弃世呢？

昨日酉时没有了。

我们众人备办些香烛薄礼，到这里祭吊他。

承各位先生这样费心多情，真真使弟们感念不尽。

朱三官的棺木如今埋葬好了。老爷叫我来问，这些殡葬的事情，你们意下，好不好呢？

这样狠好不过，那有不好之处。多谢老爷并通事执事人等费心！我们还有一张道谢的呈子。写得不明处的狠多，求通事看看，改正改正，转禀老爷台下。甚是感谢。

好说，想来你们做的，没有个不明白；就有不明白，我也不会改。满拿来给我看一看是怎么样写的。

　　具呈　　难人瞿张顺为生死感德事，切。

　　水手朱三官病时，蒙赐医生药治，不能见愈。于本月初七日酉时身亡，又蒙赐衣衾、棺木、祭礼、铭旌、竹篱、范围等项。似此哀怜于生前，周恤于死后，真所谓父母之恩，昊天罔极。不唯朱某衔结莫报，即顺等亦感激靡涯矣。谨此叩谢。老爷奕世腰金，万代簪缨。切呈。

就这样狠好，我替你们送给老爷去。

中秋聚会

各位先生怎么来得这样齐？

今日中秋佳节，弟们恐怕兄们这里冷淡，大家相约，备点薄酒，来这里和兄们大家解些愁闷，也好赏月玩耍。

我们漂风难人有什么好处，承各位先生屡次这样多情，我们真真感激不尽了。

这个酒薄得狠，不当好吃，请吃一杯，我们心里也快活。

这个酒狠好不过的，我们吃都醉了。

那里话，才才动杯，怎么说吃醉的话？想必做客了。

不是做客，小弟量浅，实在不会吃了。

先生只管放心，满吃不打紧。

怎么讲不打紧？

这个酒是敝国有名的，叫做太平酒。怎么叫做太平酒呢？不论吃多少不会醉人，故此叫做太平酒。

老兄说的都是笑话，那里酒有个不会醉人的道理。

这菜煮得不好，没有味道，请吃一点送酒。

这菜煮得狠有味道，好吃不过。

老兄既不吃酒，也不吃菜么？

好，吃菜多了。

酒既不吃，菜要多吃一些才是。

呵，晓得，这个没有不从命的。你看林通事在外面，快请他进来吃两杯酒。

通事请进来坐坐罢！

我不进去。

进来吃一杯酒何妨？

多谢，我那边还有些小事，不得闲。

岂有此理，既然那边有事，就不该到这里来；既然这里来，看见我们吃酒就推辞那边有事，这分明是见弃的话，不爱替我们大家一堆吃就是了。

兄们不要见怪，我解解手就来。

通事快些来，弟在这里等着。

列位请坐请坐，不要动身。

通事这边坐罢！

我就在这边坐好。

通事先罚三杯！

做甚么罚我？

我讲来大家公论一论，该罚就罚，不该罚就罢了。请问通事，你替我相与，是怎么样的？

你替我自然是好相与了。

既是好相与，就要同心才是，怎么见我们吃酒就不进来？我们去请，又推辞那边有事，该罚不该罚？请各位先生公论一论。

这自然该罚！

如今各位都说该罚，通事怎么说？

弟得罪的紧，愿罚愿罚。

通事换班

通事到这里又是一个月了，今日可回府么？

今日不得回去。刚才郑通事有信来，说他这几天有病，不得来换。

有什么病呢？

听见说是泻肚，要换一位姓梁的来替我，不知道是明日来后日来。等他来了，弟才得回去。

我们带累通事在这里日夜费心，不得回家安歇，怎生报答得了。今日承各位先生盛情，办这样盛席请我，狠多谢了。小弟借花献佛，奉敬一杯，聊表小弟一点芹心。

好说。弟酒量有限，吃不去了。

通事海量，再吃两杯不妨！

实在吃不去了。

阮先生，定庵郑先生令祖母的病好了没有？

已经死了一个月了，先生还不知道么？

不晓得！他令祖母病的时候，我们没有去请安；如今死了，没有去吊纸，有罪得狠！借重阮先生，若是见着郑先生，替我道罪一声。

呵，我见着他，替先生讲。各位再请几杯！大家行个酒令，猜猜拳，大家吃个尽醉罢！

酒多了，大家都醉了。实在吃不得了，把这些杯盘家伙收起罢。我们一点也吃不下了。

我也讲过，这酒是太平酒，不会醉人的。酒是薄的，又没有好菜。兄们既不肯吃，弟也不敢相强。就这里收拾回去罢了。

呵，请了，回去了。
再坐一会，吃杯茶去。

天黑了，不吃茶，请了！多谢先生的高情！
好说，没有什么好东西奉敬，怠慢得紧，不要见怪。

岂敢，这话从那里说起。不消送，请留步。
那有不送的礼。

不要拘，两便罢了。
呵，从命了，各位请了。

梁通事来

先生请坐。
呵，有坐。你们是苏州人么？
正是。

那一位是船主呢？

就是小弟。

贵姓张么？

呵，贱姓张。先生怎么晓得弟的贱姓？

我听见林通事讲。

先生贵姓？

贱姓梁。

前日听见林通事讲，如今轮着郑通事来替换。他因偶然得病，来不得，换一位梁先生来替他做通事，可就是尊驾么？

就是小弟。我们老爷吩咐一件事情，借重船主，讲给他们知道。不要去外头乱走，墙头上也不要望外头张望。这里百姓不晓得什么礼数，恐怕得罪你们。给国王知道，我们就不便了。这里地方，毒蛇很多，若是给他咬了，立刻就死，有药也不会救得来。各位小心要紧。

请问通事，我们从到这里，四围打这么多的窝铺，日夜看守，是为什么事呢？

这个是我们敝国的法度。因为这里不通买卖，恐怕有匪类的人来这里作怪，又恐怕歹人偷东西，所以打这个窝铺，拨人日夜看守，轮流防备。

前日郑通事讲，今年进贡的船要等去中国的船回来，就用这个船去，还要等到八月十五以后。若是不回来，另造一只才得去。如今这船不见回来，再过些时，南风少了，料想这船今年不会回来了，不知道几时才得兴工另造。

这也定不得。船在福建总要西南风才得回来。如今的西南风狠少，他们把船驶到浙江地方，等西北风就要到十一月十二月才得回来。这是不可知的事。只是进贡的限期是十一二月里起身，这是改不得的。恐怕这船回来迟了，担误进贡日期，故此要等到八月十五，不见回来，才另造一只去。

如今八月十五已过了，还不知道是几时才兴工哩？

木料东西都便了，还没有拣个好日子，大约要在月尾月初的光景。那边住的，想是福建的人么？

正是。

弟还没有见他，要到那边去拜望，暂且告别。

请了，弟失送了。

风雨大作

通事来了，好得狠。今日风雨大得紧，房子就要吹倒，怎么好呢？

现今风雨大作，也没处动手牮正。各位兄们不如暂到我那里去躲躲。

这样狠好。

如今天时好了，我们回去罢。在这里打搅通事，遭蹋房主，不便得狠。

你们那边住的房子，那些篱笆都刮坏了。再住两三天，等修拾好了，才可回去哩。你们都过来了么？

都过来了。

你们查查东西，有甚么不在，我好去替你寻寻。

都在，没有一件少得。

如今天时冷了，国王差官来问你们有冬衣没有，好做些来送你们穿。

只有几个没有冬衣，不好开口。

这个不妨，那个没有，开个名字出来，我去禀报老爷，启奏国王，做来送你。

重阳登高

今日重阳，请各位出去登高玩耍，散散闷也好，你们去不去呢？

去。通事你看那边洋面来了两只大船，是什么船？

呀，好像接贡船回来了。再停一会，看他放炮不放炮。

好了。停一会看看。

你看船上起烟，是放炮了，当真接贡船回来了！恭喜，恭喜！

如今接贡船既回来，听见那霸造新船又动工了，还是用接贡的船去，还是等那新船去呢？

这也不晓得。以理论来，既然动工，那有半途而废的道理，大约还是要造起新船来去哩。天要黑了，你们大家回馆去罢。

　　通事，请进吃烟再去。

　　多谢多谢，天要黑了，我不进去。请了。

　　岂敢，通事劳驾了。

回程

　　各位兄们恭喜了！

　　有什么喜？

　　国王进贡的表文下来了，你们豆子也搬上船了，请各位明日就要上船。今日特来替你们讲一声，先把铺盖行李收拾明白，省得临起身时慌慌忙忙。

　　晓得了。

　　众位先生今日怎么这样早来？

　　听见兄们今日要回国，特来亲送上船。

　　多谢多谢！

　　你们众位都吃了饭么？

吃了。通事请坐！

呵，告坐了。你们各位都吃饭了没有？

用过了。

收拾起身罢！

我们还有一张谢恩的呈子，烦劳通事转禀老爷：说我们漂来一年，蒙王爷、各位老爷的恩德，费各位通事并众位执事人等的情义，感念不忘，这是说不尽的。

好说，弟们愚蠢，替你们做通事，前后照顾，恐怕有效力不周之处，包涵包涵！

郑先生同列位先生，我们上船以后，若是还没有开船，千万来船上玩玩。

呵，这是自然来拜望。

通事与先生看看这张呈子，有不着处，替弟改一改：

　　具呈　难人瞿张顺等为屡蒙柔恤远人得所事，切。

　　天灾流行，人生之遭际亦所时有。拯民水火，登之于衽席，必待深仁。顺等因为名利所牵，驾扁舟而货殖他乡。不意途遇飓风，随波浪而任其漂流。幸邀天眷，指引生路，于去岁十一月二十九日漂至贵国属地大岛之内。蒙该地老爷查验顺船尚可修理，命工匠，庀（pǐ）材物，代为补葺残缺。更赐日用饮食。今岁二月二十日遣数小舟送出港口。开船放洋，辞贵土而言归；扬帆万里，望故乡而奔波。此顺等一受柔恤之恩也。

讵意时乖运蹇，飓风又作，不能前进。无奈复回，于本月二十一日收至贵国属地奇界岛内。顺等两番遭难，船已伤损不堪。地方老爷又欲为之修理。顺等自觉不堪修理，遂求烧化，将顺等送至王都，以作归家之计。乃因船只不便，难以相送，又蒙起盖房屋赏给顺等居住。朝夕费用，馈送不绝。候至三月二十三日，始上宝岛船只，以为得至王都，庶随接贡之艘，托圣主之福，不数日可得归乡矣。此顺等再受柔恤之恩也。

不意登舟以后，又无顺风，迟至四月初四日，始到运天港内。问接贡船而接贡船已开，问护送船而护送船又去。顺等命运之乖蹇，因此而益见。而王爷惠泽之浩荡，更由是而难名也。自运天来泊村，建造广厦以安身，俟随贡艘以还乡。病者命医药治,死者赐棺衾埋葬。夏无衣则赐衣以蔽体,冬无裳则赐裳以御寒。似此深恩,赤体号寒之苦可以无虞,举凡日用之所需者,淹留数月并无一时之或缺。如此委曲周全,垂怜远人,真所谓父母之德,昊天罔极。顺等何日忘之,而又将何以报之也乎?此顺等三受柔恤之恩也。

今贡艘将开,蒙送还乡。俟开洋之日,风伯效灵,舟行如飞,不数日得至中国。虽云托上天眷顾,实皆赖国王之洪福也。顺等蒙此覆载之恩,再生之德,问之于心,时刻难忘;欲要图报,莫能万一。惟有焚香顶祝,望阙跪拜。愿王爷世世子孙享无疆之福矣。笔不尽言,言不尽意。谨此叩谢,聊表寸心。须至呈者

乾隆十五年十二月　日具禀,难民瞿张顺等

官话问答便语

拜师

学生今年初到中国，一心要学官话，求老先生教我。

好。秀才高姓？

姓金。

大名？

名范。

贵庚？

二十岁。

令尊令堂都在堂么？

都在堂。

昆仲几位？

兄弟三人。

雁行第几？

弟二。

你要学官话，这个不难。一要勤苦，二要留心，日久自然晓得。先在眼前日用言语学习明白，然后那些事物的话皆可渐渐理会得来。

呵，学生领教。

友人来

老兄大驾到馆，弟未曾远迎，多多有罪。

说那里话来。近闻知兄驾今年到敝地，就要来奉候。因有事务来迟，望乞恕罪。

岂敢！弟一到中国，离船进馆，行李安顿未曾明白；兼房屋漏损，现在叫匠人修理停妥。方欲造府奉拜，不期老兄先来看我，使弟又愧又喜。

好说，请问令尊令堂都好么？

托福，都好。家父寄信问候老兄。

不敢当，老人家真真有心。请问尊兄是几时在贵国开船的？

弟是去冬在敝国下船，船开到马齿山候风；今年正月间遇顺风放洋，五六日就到怡山院。蒙闽安镇大老爷详督抚两院，吊进馆驿安插。如今快活了。

恭喜恭喜！

托福托福。

弟有事假忙，告别了，另日再会。

岂有此理！老兄到此，坐没有多久就要回去。知道者，说兄有事不得闲；不知道者，说弟外国人不知礼数，致人取笑。古语说得好："相逢不饮空归去，洞口桃花也笑人。"弟没有什么美味奉敬，敝国带来淡酒请尝一杯，少展弟一点敬心，屈驾宽坐片时如何？

多谢得狠！

叫孩子们把桌抬上来，菜端来，酒拿来，我与某相公叙饮。请！

这酒狠好！敝地虽有好烧酒，味辣兼霸；贵国烧酒味香且顺。

这酒不当好，兄若中意，多用数杯不妨。
弟量浅，够了。

想是没菜，寡酒难当。
好说。菜尽多了，酒又醉了。

兄既不饮，叫盛饭来？
饱了，不用。

叫拿茶来请一杯？
天色将晚，弟回去了。

还早，再坐坐吃袋烟去。
请了。

待弟送送。
请留步，不消送。

兄到此是客，弟是主人，岂有不送之理。请了！

弟去了。

弟不送了。

琉球国

尊驾那里人？

弟是琉球国人。

是大琉球国，还是小琉球国呢？

弟是大琉球国。

到此贵干？

是来进贡的。

几年来一遭呢？

一年进贡，一年接贡，年年都来的。

正贡是怎么样？接贡是怎么样呢？

正贡是我国王将方物差官员捧表章，赴京进献与皇上。接贡是接皇上钦赏物件并去京官员在闽存留回去。

正贡几只船？接贡几只船呢？

正贡两只，接贡一只。

船是几时来，是几时去呢？

大约来的船是年冬十二月，回去的船是秋天七八月。

来往要得几天呢？

大海重洋，这是定不得的。顺风四五日就到。

假如风不顺呢？

风若不顺这就要多待日子了。

你进贡有什么宝贝呢？

我敝国地方褊小，没有什么希奇宝贝，只有红铜、白刚锡、硫磺这三样就是了。

还有是什么货物呢？

还有的不过是些土产：鲍鱼、海带菜、石𫚖、墨鱼干、佳苏、鱼蚵、鳉锜、海胆、螺头肉、海参、番蛇、烧酒、酱油等件就是了。

你贵国来的有几位官员呢?

耳目官一员,正议大夫一员,北京都通事一员,过海都通事二员,存留通事一员,小通事一员,官舍、财库、大文、小文八员。

进京的官呢?

进京只是耳目官、正议大夫、北京都通事三员。

几时上京呢?

大约八月起身。

几时回来呢?

大约第二年四月回来。

来往动用的盘费呢?

往来所用盘费、夫马、船只都是皇上恩赏,各处官府供给的。

尊驾是什么前程?

弟是秀才。

贵国秀才是考进的么？

敝国没有科试，这秀才是世袭的。

何事世袭呢？

敝国乃东海番夷，从前圣人的道理都不晓得。明朝洪武年间，国王具表申奏朝廷求为教导。洪武帝命拨闽人三十六姓往敝国教人读诗书、习礼数、写汉字，设立圣庙学宫，与中国俱是一样。我国王念他有功，又是汉人，遵圣朝之意，授以妻室，生育后嗣，世代子子孙孙都赐他秀才，读书出仕，与国王办事。弟们就是这三十六姓之后，所以称为秀才。

这等看将起来，你也是我们汉人了？

正是。

令先祖是福建那一府那一县籍贯，都晓得么？

这个都晓得。三十六姓之中也有在本府的，也有在上府下府的，家中都有族谱载着。

你既到中国，因何不去认祖？

一则弟居馆驿，官府严禁，不敢远离；二则年深月久，人生话异，无从稽考。有这些不便之处。

这也说得有理。你秀才出仕做官，是怎么样调选呢？

秀才中有才干出众的，有文理通达的，有官话明白的，有办事敏捷的，此数项举拔出来做官。随后遇有功劳，级级渐渐加升。

你们做官的是月月领俸禄么？

我敝国做官的俸禄不是月月领的。国王拨有地方给我们做官的掌管，年间这地方所出粮米，皆多少缴纳王府，还剩多少给做官的收去。这就是俸禄了。

原来如此。你秀才做官，做到多大的止？

我们秀才做到紫巾大夫止。

你贵国还有大官没有？

有，还有法司官最大的，国中诸事都要由他主意。

你们秀才怎么不做法司官？

那法司官是王亲国戚做的，譬如天朝满州一样，我们就同你汉人一样。也有汉官，也有满官。

你贵国是那朝进贡起的呢？

我敝国是唐朝进贡起的。因为前代海洋贼盗蜂起，打劫船只，虽然进贡，不能如期。今逢圣世，洪福齐天，四方太平，山无伏莽，水不扬波，所以敝国年修贡事，按期进献。

尊驾来中国几次了？

弟今年初到。

你初到就会讲官话？是聪明的人了。

不敢。我在敝国时，也曾学过官话，只是舌头不当转，说出来不当清楚。还求老兄指教，休得取笑。

不敢取笑。真真讲得好！我本地的人说乡谈惯了，爱学官音还是千难万难，含糊将就说出几句。你外国的人一学就会讲，又讲得明白。若不是聪明，怎能如此。

老兄太褒奖了，弟不敢当。告别了。

请了。

贡船到来

接贡船到了！

恭喜恭喜！
起动起动！

今年因何到得这样迟呢？
这接贡船旧年里就开在姑米山候风，等到近日有
好风才驶过来。

如今泊在那块地方？
现泊在怡山院。

有报来没有呢？
有报，我在海防厅衙门看见。

有书信来了不曾？
书信有人送到馆里。

贵府都平安么？

寒舍都托福平安。

你接着家信，就像拾得黄金一样。

这是不消说的。我出外人，那日不思父母，那夜不念妻子？除非正贡接贡，另外想寄一封信回家，甚是艰难。想接一封来这里，也是艰难。今日船到，见着书信，就如看见亲人一般。你说像是拾着黄金，我说比拾着黄金更胜百倍！

真真有这个事。不知吊票去了不曾？

吊票去了。大约明日好天时，叫两只小船引港，一水可到罗星塔。再一日水长，才会到官田墩湾泊。

船中货物几时会搬？

这货物要搬，须厚海防厅大老爷观看过，然后才敢搬入馆。

原来有这些事故。

这是定规的。

赴宴

你昨日那里去？

我昨日被一个好朋友请去。

他有什么菜请你？

菜是多的。头一碗假燕，第二碗三鲜，还有蒸鸡、蒸鸭、蒸蹄、鳗、羊肉、猪肚、鹿筋、海参、鲍鱼、金蟳、全鱼、蛋汤、三点心、肉包、满州馎馎、千叶饼、水晶饺、蕨粉包。吃了大席，就拨桌摆上九个围碟，大家坐下行令。

行的是什么令呢？

行的要诗句古人名。

讲得来的怎样？

讲得来的不用饮酒。

那讲不来的怎样？

讲不来的罚酒三杯。

大家都会讲不会？

一桌八个人，内中也有会讲的，也有不会讲的。

你坐在第几位？

主人同众宾客俱说，此位秀才是外国来的远客，当坐首位。我看内中有一位老人家，又有顶带，必定是年高有德之人，我转让他坐下。众人又说，你秀才谦让，首位既不肯坐，请在二位一定辞不得了。我仍再三告让，大家都不肯，一定要举我坐。我没奈何，只得告占，方才坐下。然后众位序齿依次坐下，嘻嘻哈哈谈笑了一天。因日晚了，恐怕城门关，告辞起身。众人留我不住，只得送我出门，齐揖而别。

闭门

开门开门！
外面打门是那一位？

是我。
你是谁？

我是某人，叫人快些开门！

原来是老伯，得罪得罪！老伯这一向都不来晚生这里玩玩。

本意爱来，你馆里狗又多，又会咬人。门又时常关闭，打门都不听见，使我站在外面等候。好不耐烦，故此懒得进来。

老伯见谅。这狗是馆里守夜畜生，以防贼盗。见主人在，他就不敢乱吠惊客。这门时常关闭，却是有个缘故，不是杜客起见。只因我馆驿附近营盘，那营中马匹都要放进来吃草。遇着善马，在这里吃些草也是不妨；遇着几匹恶马进来，草又不肯吃，两个相踢，把馆内水缸打破，又将墙壁打倒。我们对他主人说，他还要骂我琉球人多事。还有那些小孩子进来吵闹。看见他，只说进来玩耍；见不着，他就将馆内东西偷去。我们还没有讲他一句，他就骂我们七八句。这等遭蹋，甚是难堪。

你为何不去告诉官府？出一张告示禁他。

官府也曾回过，告示也曾出了，他马仍旧放来，小孩子仍旧进来。我想做官的事务多端，那里顾得这点小事？我们若到衙门去禀说，务必央三托四，方得传话进去。终日侍候，好不艰难。遇着明白老爷，穷究他作吵馆驿不应便妙；若老爷不欢喜，又怪我琉球啰嗦，更觉不美。我们馆里大家相量，不如把门关上。还是妙计。

怪道有这样的事，还是我错怪了。

老伯不知情由，自然要见怪。如今晚生告明，可以见谅见谅。

庆生

我有一位好朋友，他父亲明朝寿诞。我要去拜寿，办个礼物送他，不知用什么东西好呢？

送生日的东西厚薄不等，听从人便。也有寿轴、寿联、寿烛、寿面、寿包、寿酒。也有满汉席、烧猪、烧鹅、烧鸡、烧肝。也有水礼、猪蹄、羊蹄、腰心肚、生鱼、金蟳、香螺、活鸡、活鸭。八色共成一杠，或四色四盒。或都不办礼物，只包一包面仪（礼金）送他，都是使得。

也罢，我想办个礼物送去，他若是收便好，假如仔细不肯收，挑转回来，可不是糟蹋了？到不如包个厚厚礼仪，干折送与他更妙。

着了！这才是相与间朴朴实实。那些花奢妆体面的事情真个无益。

恐他怪我虚套呢?

他一定欢喜不怪的。这不是虚套，其实是通情。

我就是这样行了。

不错不错!

吊丧

闻得某人他令堂仙逝，我要去吊纸。不知当备何物呢?

备的东西不过是打一盘纸或阴银，用一包香仪、一包奠仪，其余或祭文挽联，有无随便就是了。

香仪怎么样? 奠仪怎么样呢?

香仪是买香烧给他的，奠仪是买菜祭祀给他的。孝男惟敢收香仪，不敢收奠仪。

几时去好呢?

我这里乡俗,厚见的在成服内去,相识的在成服外去。

怎么样叫做成服呢？

人死之日算起，至第六天为成服。亲初死之时，为子者悲伤痛切，披发赤足，不食不寝。亲眷人等代他备办棺椁衣衾，殡殓明白。然后设立灵位，开起孝堂，挂起孝帘，放出告丧牌开吊。那些麻冠麻衣孝服必须数日方得齐备，所以要待六日。孝男同孝眷人等穿起凶服执杖，举家行礼，故曰成服。

我们如今成服内去作吊，下回还用去不用呢？

怎么样不要去？你如今去作吊，他于成服前一日放帖子来，备有酒席，你于成服日一定要去的。在灵前行礼毕，就位吃酒，吃完回来。至三四七，孝男又放帖子来请做祭，你那一日一定又要去的。仍在灵前行礼，听宣读祭文毕，就坐登席，吃完回来。其余孝男或放帖子来请七酒，请叙谢，去不去不打紧。那两遭请成服、做祭，若是不去，孝男就要怪的。

若本日有大事，或病疼，怎么样去得呢？

十分有事、遇病，也要个兄弟子侄辈替你去，方不失礼。

原来是这个道理，我如今晓得了。谢教谢教！

不敢不敢！

洗澡

今日天气热，身上都是汗，腌臜得狠，要烧水洗个澡。

你要洗澡，家里洗不快活。我邀你去汤门外洗，真真自在。

我知道了。那一日有事，我往那里经过，见亭子里都有好多人在那里洗澡，想必就是那里么？

差得多。那块叫做汤池，也是洗澡的，不用钱，都是那些闲杂人洗的。你也脱得赤身条条，我也脱得赤身条条，不顾体统，七八个坐在汤池里混洗一堆，真真看不得。内中也有生疮生疥的，不干净得紧。我们要洗到汤房里盆汤洗。有一间放两个盆的，也有一间放一个盆的，随人的便。人坐在房间里盆中，板边有个半边竹筒，半折靠在澡盆上，半折伸出板外。外面将汤倒入竹筒，就淌进来到澡盆中，任你慢慢的洗。若久汤冷了，将冷汤倒吊，叫他再放热汤进来重新再洗。你想快活不快活呢？

果然快活，这汤是烧的不是烧的？

不是烧的，是地气生成热的。他寻那所在干净的，舀来给人洗澡。

如今就一同去？

好，走罢。

换钱

我这包银子要换钱用。你放在天平，兑兑多少重，该换多少钱。实价算，我与你做主顾。

你这银子内中两份是古饼，一份是新饼，还有这一块是三宝饼。我如今将古饼先兑多少重，再将新饼兑多少重。这块三宝饼放在厘戥称多少重，照折合算。

怎样的折呢？

我这里细丝库白，每两银时价只换钱九百算，你这古饼一两折元宝八钱，新饼一两折古饼八钱，三宝饼一两折古饼三钱。一起折做古饼，又将古饼折做元宝算就是了。

目今钱价，敢不止九百么？

不敢相瞒，这是有定规的。钱铺尽多，岂在我一铺时价不等。几日里钱贵，几日里钱贱。有时只换八百或八百上者，有时换得九百或九百上者。这都以钱文之贵贱定时价之高低，一点都不差的。

照算换做钱罢。

钱算明白了，该应这些。叫人挑去罢？

不用，我一时还未曾用着。只要两千先拿去买些零碎东西，其余放在你店中，打张钱票给我带去。等要用时，着人携票来支。钱要足的，不可短少。铅钱、剪边、新钱仔我都是不用的。

晓得，我自然数足，拣选干净。都是好钱给你，不用费心。请了。

买书

你宝店有书拿几部来给我看，我要买。

相公要的甚么书？

　　我要《四书体注》一部、《古文》一部、《唐诗》一部、《诗经》一部、《易经》一部、《礼记》一部、《书经》一部、《春秋》一部。

　　这些书敝店都是有的，我汇来给相公看。（片刻后）书在这里，相公请看。

　　这书不当好。字又糊涂，板又假，故乃是土板。我不中意。我要的是苏板，字画分明，纸张白净方好。

　　有，价钱会贵些。

　　我只要好的，价钱贵些不妨。

　　相公请看这书如何？

　　也没有十分好，将就罢了。你每部要多少银子？

　　我开个单子，每部载明价钱，给相公看看。

　　好。（片刻后）你这个价钱开忒贵了。这些书我们年年都有买的，我都是晓得，不用许多。

　　相公既然晓得，是个在行人，将我所开的单子价钱每个减去些少，够本就奉送了。

我都减了，只值这些。你看看做得做不得呢？

相公价还太少了，折本生意，断难从命。

比你意下差多少？

若论实价相让，还差几钱银子。

你说笑话，这几部书如何差得几钱银子？你总是要添，也罢，再加钱半银就是了。

好，我若不卖，相公一定要怪，卖又折本。罢了，此番相让给相公，望你下回再来买书补过。

下回还要到宝店买的。

狠好，多承照顾。相公，书都汇齐在此。

银子也称足在此，你收去。

多谢了！

谢让了！

请！

请！

买笔

你来了，请上楼坐。请烟、请茶。

我这几枝笔秃了，都用不得。你明日再来，有好笔带几帖来，金墨带两匣来，十锦墨带两匣来，银朱带几锭来。朱要真正，不要黄丹掺的。好端石砚带一块来。白石砚池磨银朱用的,也带一块来。这几件我等着要用的。

秀才，那几件我明日就送到。只笔有现成带来，秀才请看，中意不中意？

这些笔我看了，都不当好，是别人拣剩的。你收回去。明日好的并那些一起带来。

我明日早早来。

置办家私

我新到几位朋友要自家起伙食，要置办几件家私什物。烦你替他买买。

要买什么东西？

锅一口，灶一个，饭甑、铁瓢、锅刷、菜刀、柴刀、火钳、火筒、水缸、水桶、大盆、小钵、炭炉、风炉、七寸盘、五寸碟、菜碗、汤匙、汤瓯、茶钟、酒盏、酱油碟、筷子这些件。还要篱笆屏两扇，板凳、铺板二付。等着就要用的。你如今就要赶去街上，早早买来。我这里有钱，带得几千文去。买了回来，长短有算。

好，你钱拿来，我即刻就去买，买齐就送进来。

起动。

游玩

我这心里十分焦闷，想着家里不知是怎么样的。

我们出门的人，只管料理在外的事，家中原是顾不得的。要思念家中，就出不得门了。假如思虑过深，弄出一场病疼，反为不美。我今日邀你出去玩玩，看些光景，这个焦闷自然就散开了。

这省中不知那块还有好玩的所在呢？

我省中好玩的所在尽多。那鼓山、乌石山、九仙山等处你都看过，还有新开西湖，景致幽雅，那地方好玩。到那里去玩玩？

去有多少远呢？

没有多远，往西门外去，有几里路就是了。

今日去，恐回来不赶。明日早早吃个饭去罢。

狠是。明日去时，带些糕饼，腹子要饿，作点心送茶。

我们往城里过，买便带去。

天气瞬变

我昨日进城。早上天色晴明，到了中午过，天色就变起来。黑云满天，大雨倒下，雷公又响，闪电乱闪，地上都是水浸湿，走不得。

后来怎么样回家？

坐一乘轿子回来。第二日我又进城有事，恐怕又下雨，穿着皮鞋拿了雨伞去。到下午，天大晴起来，日头多大的，地上都晒干了。皮鞋滑不好走，伞又重。挨到南门口，没奈何又坐一乘小轿回来。真真气人。不带皮鞋、伞去，天要下雨。带得去时，天又大晴，叫人实在难以防备。

春日天气是定不得的，三日晴两日雨。不特出门不便易，就是在家里，忽然又热，忽然又冷。你若是衣裳脱了，冒着风，还要生病。你尊体须要保重才好。

你说的话狠不差。我那一日，因天气炎热少穿两件衣服，就凉着。到第二天，头又疼，身又发热，鼻水长淌，喉咙只是咳嗽。后来服两帖药，发表些汗出来才好。

这个天气，真真要小心保养身体。你们比不得我在地的人，我们就有些疾病，一家大小服事。要茶就茶，要汤就汤。虽病心中还不急气。你们外国的人来到中国，本来水土不当服，偶然有病倒在床上，没个亲人在傍。难有几个同伴朋友，初时还来问问。你若是病久，他也要厌气，就委曲照顾，未必十分尽心。看来还是病人吃亏，总不如自家保重为上。

你说的话，句句可圈可圈！

掏耳朵

剃头司务头剃了。我这头发里有虱子。先把头发梳直了，再把篦子将头发根狠狠的篦上几篦，将虱蛋篦干净。

我耳朵里痒得紧，你替我看看。将耳掭掭耳屎，将耳钳摄去来，然后将耳捷放入耳内捷捷。

我身上酸痛得紧，你替我板板，各处槌槌。

蚊虫

我想为人，一年之中，受尽了这些虫的气。冷天虱子跳蚤，热天蚊子臭虫。那虱子若是勤拿勤拿，衣服换换，就会干净。臭虫将铺盖搬出晒顿晒顿，也会差些。惟有这跳蚤蚊子没奈他何。那跳蚤在身上乱咬，穿来穿去，等你去拿他，还不曾看真，他就跳去了，停一会他又跳上来，仍旧在身上乱穿，弄你拿不着，气又气不过。那蚊子你先前把帐密密的放下遮着，他都在帐外飞来飞去，寻有一个缝，就钻进帐来。钉你还不算数，又在耳朵边轰轰叫，吵你一夜睡不得。第二天起来，好不自在。这四样虫，不知人身上血吃去多少。天地间生此害人的孽障，要他做什么？

你说的话好笑。天地间要生他，你如何叫他不生？大略天地的意思，说我们在世，日食夜眠，都无忌畏，故生此恶虫警醒警醒，使人不敢惰慢。

你说得是，这个也未可料得。

灭鼠

我这楼中好多老鼠，晚间灯吹灭，他就来，将那书本扯得粉碎，皮箱竹笼都咬破了，将灯油打倒满席上。几个相打，滚拢一堆，叽叽叫，吵我睡不着，真真可恶。

我家有猫，拿来借你，那老鼠见猫就不敢来了。

我不用。

怎的不用？

遇着好猫还肯拿老鼠，固然是好。若遇着那没干的猫，又不会拿鼠，只在厨柜里偷吃，晚间屎尿撒在楼中，臭不可当，这不是害上加害了？

这也说得是。我还有一件治老鼠的东西。

什么东西？

街坊上有人卖老鼠药，买他两包，或投在饭里，或塞在光饼当中，放在边头。他若吃着就会死。这个方法妙不妙？

这个使得，烦你就替我买两包试试。

好，我一会往街上，遇着就买来。

你千万记得！

不舒服

我两日身上有些不自在。胸膛饱胀，四肢酸痛，夜间又睡不着，口又涩，不爱吃饭。

这是小可的病，不打紧。那些荤腥且慢些用，只好煮些稀粥，早夜吃吃。再买些酱瓜、糟姜、糟菜、豆腐乳、淹鸭蛋配粥。茶也要少饮些。煎些牙饼豆豉葱白汤，口若渴时吃吃。清养两日就会好了。

清明祭祖

今日清明，天色又晴，人人都去上墓。我也要到先祖坟上祭扫祭扫。

你令祖的墓在那个所在？

我先祖墓在上渡地方。烦你替我买几件菜。

你要买什么菜？讲来赶早好去买，买便就好到山上去。再挨越迟了。

我要用肉几斤、鸡一大只、鲜鱼两尾、羊肉、海参、蚶、蛎蟥、蟢、切面、时果，共成十全。其余还要酒、元宝、阴银、钱纸、香烛等项，汇便叫人挑去。

好，我如今就去办。

东西都有了，大家一齐同去。

等我穿衣服。今日天气暖，衣服少穿两件。

我还有一事对你相量。

你有什么事对我相量？

我想前日才下雨，地上还没有十分干，不当好走。不如雇只小船，撑到那里，上去墓中，岂不是好？

这个果然好，但不知有船便没有呢？

船便泊在河边。

既有船便，凑巧得紧。担子不知道去了不曾？

担子我叫他先挑在船上等候。大家走罢！

昨日上墓回来，今日身子困倦，头好疼，又发潮热，好不自在。

你是昨日在山上吃酒，脱衣服冒着风。这个不妨，请一位医生看脉，撮一剂药表表，发些汗出来就好了。

闹神

请问今年都不闹神，何故？
被官府禁了。

禁他做甚么？
你不知我这里闹神利害！

有何利害？
这闹神的都是一起生事争斗之人。用猫（毛）竹劈开四瓣，中间将松油夹住，外面用竹篾捆紧做火把，长长的，点得红烊烊，几十把。头上包着头布，身上穿得短衣，手中暗执木棍。大锣大鼓打起，满街冲来撞去。四处也有神，你一驾来，我一驾往。遇得两边谦让方好，稍有不逊，就相打起来，打得头破耳裂，遍体重伤，以致人命，这是第一利害。还有那长长的火把横着街中，火星乱落，也有落在房檐边，也有落在铺柜里。风起火着，就烧房屋。这又是第二利害。你想要禁不要禁呢？

如此说来，果然禁得好。有抬搁故事没有？

这是有的。我这里故事不同。用木架抬着车动，叫做"抬搁"，人站在人肩上，名为"肩马"。这两样的只是官模，转动不作声。又有地上走的，名为"嚷歌"，这个又有官模，又会唱曲，更觉好看。

今晚有没有？

正月头那夜没有！

你带我看好不好？

城里狠多，但是城门晚间关了进不去。南台也有，等我吃过晚饭来邀你去。

你千万要来，我等你，不可忘记。

我留心记得，记得。

看社戏

今日太保庙做戏。

为什么做戏？

　　土地大王生日庆贺的。

　　那土地大王是甚么神明？

　　各地方皆有土地所管，各境社皆有大王所司，这是里域的土主，譬如阳间地方官是也。

　　戏子一班有多少脚色？

　　有做外脚的，有做净脚的，也有做末脚、丑脚的，还有正生、小生、老旦、正旦、小旦这些脚色，合成一班。所做的戏文都是古时人故事，或先贫贱而后富贵者，或始分别而终团圆者。其中荣华苦楚、患难死生，总不出悲欢离合四字。那些忠臣义士，大半都是外与正生做的；仗义好汉，大半都是净与末做的；利己害人，大半都是丑做的；风情月意，大半是生旦做的。所唱的戏，好人自有好报，恶人自有恶报。好人虽然眼前颠倒，到后来定有好处；恶人虽然先头轻狂，到尾终无结果。所做那些戏，都是劝世之意。愚鲁人看，只道好听好看就是。那聪明人看，细思内中自有理会。

　　呵，原来有这些妙处。只是古人的故事我不当懂得，每出替我说说，我方知道。

好，你只管满看，晓得的不用说。不晓得的，对你讲讲，你就明白了。

狠好狠好。

你听听，锣鼓响，戏上台了！我和你快些走！

快些走！

打春

今日迎春，不知到那个地方好看。

要看迎春，须去到东门外春牛亭那里好看。那亭中塑一只大土牛，头、角、身、尾，腹下四蹄，按本年天干地支所属，妆成各色，放在亭中。各官都到那块，迎这土牛进城去，名为春牛。

迎春要这土牛何故？

你不知道？春为岁序之首，农乃国家之本。人无食不生，田无牛不治。当此阳春，五谷滋生，故迎春必以牛，重农事也。

有多少官员出来呢？

那些大官府都不出来。只有福州府、海防厅、理事厅、粮捕厅、闽县、候官县、典史、捕衙这些官员。你要看，早早吃饭，我邀你同去。我也回去吃饭。

你就在我这里吃便饭，吃完大家去，何必又回去怎的？

也好。

快些吃，赶早去，不要挨。

是，如今就去。

逛寺院

我昨日进城去，遇着一位朋友，邀我到一座寺院里玩耍。那寺院好大不过。头门进去，两边坐着四大金刚，足下踏着两个小鬼。当中坐着一位弥勒佛，披着袈裟，肚皮现出来，笑嘻嘻的。进到二门，当中站着一位韦陀，身穿金盔金甲，两手合拢，横捧着一把宝剑。进到大殿，正中上面坐着三宝佛，大大身的。下面坐着一位释迦佛，两边坐着十八罗汉。这边桌头上，放一个铜磬；那边桌头上，放一个木鱼。梁上挂几首幡，地下搁一个蒲团，佛龛内放两部经卷。我们大家就朝上面拜了菩萨。到了后殿，供着一位观音。和尚走出来看见，忙忙请入方丈坐下，倒茶请我们。又办几碟果品，放在桌上，坐拢吃吃讲讲。我包一包香钱送他，他不过意，又留我们吃素斋。

什么素菜请你？

煮豆腐、香菰（菇）汤、炖莲子、炒面筋、芝麻卷、金针菜、白枣煮糖、煮豆干、木耳、炒豆芽、豆腐皮和紫菜。桌上摆两壶酒，各人饮几杯。吃过午饭，就叫徒弟捧上香茶。茶吃了，洗洗手、面，和尚又邀我们前后左右玩玩。水缸里养着十数尾金鱼，石盆上安一座假山，上面布些景致、草木、人物。两边栽些名花修竹、苍松翠柏。坐靠栏杆边，谈些释经佛法，都是劝善戒恶之思。我在那里遂觉心怀畅爽，名利皆空，乐了一天，日色将近黄昏，相辞回来。

原来有这等好玩所在，你明日同我再去，也见见光景，好不好？

好，我明日邀你去。

赛龙舟

我邀你去看龙舟，你去不去呢？

我去，不知几时好看呢？

这五月初一日起，至初五日止，五天都爬龙船。初一日，各处龙船出水未齐。初五日，各人要回家做节，爬一阵都散去了。这两天故此不好看。初二、初三、初四这三天，各处龙舟都在水面斗爬。那些看龙舟的各带酒肴，雇只小船撑在江中。船头上竖着锦标，给那些爬龙舟的抢。

怎么样抢呢？

或两只或三只，大家并排齐齐爬起，看那个爬得快。先到的算赢，后到的算输。那赢的将标抢去，输的就没分了。

标是什么东西做的呢？

白纸扇一把，红布尺余用线结拢一堆，用竹竿挂起，竖在船头。这个就叫做锦标。

有多少人看呢？

看的人多得狠。也有男人去看，也有妇人去看。有钱的雇船，无钱的站在岸边，或站在桥上，数不清的。那些曲蹄婆，头发梳得光光，簪花首饰带起，脸上把粉擦得白白，耳边挂着耳坠，手中带着手镯戒指，身上穿着两件新鲜衣裙，拿着竹篙立在船头，撑来撑去，都在那里摆浪。真真闹热得紧！

这龙舟是何取义爬起来呢？

这龙舟世传以为楚国有一贤人，名为屈原。身居大夫之职，是个忠君爱国之臣，被同僚奸人嫉妒，谗谤于王，放而不用。屈原因作《离骚》以舒其怀。于五月五日，遂投汨罗江而死。人慕其贤，将舟共相救之，是其遗迹。后人设造龙舟，相竞渡水，以为游戏。

此五日家家门首插艾悬蒲，又是何所取义？

这五日门前插艾悬蒲，与清明门前插柳同意，都是驱瘟辟邪禳毒之事。这个节乃是天中节，又叫做端阳节，又叫做端午节，又叫做五月节。此日人家置办鱼肉果品，用雄磺、蒲根调入烧酒内宴饮。又将雄磺酒各处喷喷，用黄烟各处放放，以杀毒虫。雄磺酒吃在腹里，可消毒气。蒲根吃在腹里，可延寿数。这一节是最大的。

原来是这样的。你不讲，我是不知道的。

今日才是初一，我们且不要去。等待明日初二，也买几样好味，修拾便便，雇只船同你去看看，作乐了一天，也不负此胜景。到初五日，也备几碗菜，吃酒赏节。畅快畅快。

禳灾

今年省中天气不好，各境都做禳灾。

这禳灾是怎么样呢？

就是古时乡人傩之意。凡天年不顺，寒热失令，发为疫气流行。人若触之，则成瘟病，一人传十，十人传百，病者不数日而亡，十人九死，其利害不可胜言。我这里有五位土神，称为五福大帝，俗语叫做五帝爷。他是主管瘟疫之神，有病的都往庙里投神许愿。若是一乡之中病多者，则挨家照丁口派出钱文，或富贵的加助，在庙中糊一架大大的纸舟，按海船样修造，也有桅篷，也有碇舵，船中器具一一齐全。报竣之日，通乡各司执事，香亭大轿，往各涧五帝庙里请其香火，又向纸糊店中请其神像，回到境中。是日结彩燃灯，香花蜡烛，设宴演戏。又设一座坛场，道士建醮祈禳，通乡皆斋戒沐浴，虔心致敬。到第二日，将神像请坐纸舟中，将纸舟抬在乡中门首游过，驱除洗净，放在一所宽厂地方，宰全猪全羊，山肴海味排设舟前祭祀。祭毕，大锣大鼓，送至水边，将纸舟用火焚之，谓之送瘟船。往远方去了，乡中方得平安。这就叫做禳灾。

五福大帝有这样灵感么？

这个灵感何消说。我且讲给你听：我这里人家，有偷人东西者，或做伙计瞒心昧己者，或数目不清者，或挑唆害人争端不承认者，都去那庙中烧香、点烛、化元宝，将本人年庚八字住止用黄纸写明，跪在神前赌咒。肯赌咒的，不论什么大小事情，钱债有无，都歇开手去了。

他赌的什么咒呢？

他赌的咒，当神前跪着祷告，说道：今有某人因甚么事疑弟子，向说不信，同到神前证明是非。弟子若无此事，这是某人错疑了。弟子若实有此情，神明谴责，后来必遭五瘟之报。这等赌咒。

他这样赌咒，见有报应没有呢？

怎的没有报应？若是神明没有灵感，人岂肯这样敬信？如今我福州风俗，那一家不怕这神明？遇相争骂一声"五帝拿"，这就是大大不好话。那人被他骂就恼了。

如此看来，我想这神明有灵感还是没灵感呢？

狠灵感，狠灵感！

迎东岳

今日迎东岳会，我和你出去看看。

东岳是什么菩萨呢？

天下有五岳：东岳泰山、西岳华山、南岳衡山、北岳恒山、中岳嵩山。这泰山乃是五岳之首，那菩萨称为天齐仁圣大帝，专管人间生死祸福之权。东门外建有庙殿，每年三月二十四、二十五，此两日出行，遍游城里城外。所迎的执事仪度与当今万岁爷銮驾出游一般。内中舞狮子的，也有舞貔貅的，也有举高旐（zhào）的，也有吹十欢的，也有打八蛮的。还有好多人妆扮些判官、小鬼、太监、侍卫、校卫的。还有吊炉披枷带锁的，大捆插标做犯人的，还有拜香的。从人几千，真真热闹的紧。

那些扮作犯人的何事？

这都是或父母有病，或自身有病，当时许下良愿，祈福保安，故此扮成这个样的。

这动用钱粮出在何项呢？

那钱粮皆有项下。众人枷锁愿的,去庙中挂号领文,都有钱的。枷锁愿人多得狠,则钱亦收多得狠。还有那些行当执事,各人有会,充纳钱文以备动用。内中有人主事,提调抖理。二十八日是泰山爷圣诞,前后几天,庙中排设锦绣唱戏,往来观看不绝。

我记得去年十月间也有菩萨出行。那个又是什么会呢？

那是城隍会。

城隍是什么菩萨呢？

城隍有一省的城隍,有一府的城隍,有一县的城隍,主管地方城池、护国佑民之神,凡地方人民生死皆属所司。这省中的城隍敕封威灵公之职,每年十月初一、初二此两日出行,也遍游城内城外。但他比不得泰山。泰山所用仪度与天子同,城隍只用得公职仪度,所以差他一点,但闹热好看,都与泰山会相同。

我前遭正二月里又看见迎尚书爷,这又是什么菩萨呢？

这位尚书爷是宋朝人，姓陈名文龙，中状元，出仕做参政官。因国难尽忠，赴水身亡。上帝嘉其忠心，封他掌理水部尚书之职，凡海洋皆属所司。今洋岐地方是他祖家。南台建立有庙，终日商船祈祷不歇。他出行没有定期，或出游或不出游，论不得的。但他比泰山、城隍又会差些，闹热也还好看。这些迎的都好看。

七夕

今日乃是七夕，我同你看牛郎织女相会。

那牛郎织女怎么今晚才相会呢？

那牵牛星在天河之西，与参宿俱出。织女星在天河之东，居氐宿之下。织女乃天帝之女，天帝怜其勤于机织，配与牵牛为妻。二人夫妇相爱情笃，遂惰其事。天帝怒责，以二星分为东西，中以天河隔断。每年逢七月初七日，是夜许他相会一遭。

我闻得人间女子都于此夜乞巧，有这个事没有？

唐宫中每遇七夕，宫女辈各执九孔针、五色线，向月穿之。穿得过者为得巧。又以蜘蛛纳之小金盒中，至晓开视蛛丝稀密，以为得巧之多少。后人有好事者，亦以因之。

人说喜鹊驾桥，有这个事没有呢？

这事不曾看见。古传七夕一过，那喜鹊头上的毛无故皆秃，以为是夜做桥架于天河之上，与织女渡过相会牵牛，所以头毛皆脱去，因有是言也。

普度

庙里做普度，同你去看看。

为何事做呢？

阴间有这等孤魂野鬼，无子孙祭祀的，那善心的人可怜他，于此七月间也有请和尚念经，也有请道士拜忏。或在人家，或在境社，铺设坛场，挂悬神像，香花水果，灯烛蔬供，五日三日不等，超度他往生，无堕地狱。尾夜焰口，搭一座高台，五个人坐在上面。外头供一身纸糊的菩萨，释家用的是监斋使者，道家用的是太乙救苦天尊。桌上排列素斋几筵、馒头几筵、饭几盆、菜汤几盆、果子几盘，这是给孤魂野鬼吃的。还有阴银、钱纸、冥衣焚化，这是给孤魂野鬼用的。不特我们庙中有做普度，各处都有，大得紧。还有那些只夜间就地排设斋饭等件，请一个道士、一个打鼓的老排，摇铃打鼓，在那里念的，叫做施食。这也是赈济孤魂野鬼的。我庙中做普度的虽像道士妆扮，他不比那街坊上做道士，专与人祈禳赚食的。他是好善修行，奉北斗会。一会百余人，各捐分金，做些好事，所以比那道士不同。

呵。是。

中秋节

今日八月十五日，乃是中秋佳节。家家户户都买月饼、糖鸡、糖宝塔、西瓜、龙眼、枣、梨、藕、菱角、橄榄、黄弹诸色果子并酒肴赏月。也有去看点宝塔的。那黑塔，就是石塔，在南关之西，白塔在南关之东，两塔相对。自八月十一日起，至十五日止，这五夜两边宝塔七层都点着灯火，光亮射入四面。男女老少游观不绝，真个良宵美景！

重阳节

明日重阳，人人都去登山，叫做登高。
怎么叫做重阳？

九乃阳数。九月九日，两阳数，两重也，故名重阳，也有人叫做重九。

这登高有何缘故呢？

古时有一人，姓桓名景，随费长房游学。房谓景曰："九月九日，你家当有大灾厄。令家人缝囊盛茱萸系臂上，登山饮菊酒，此祸可消。"景从其言，举家于是日登山。至暮回来，见家中鸡犬牛羊一时暴死。惊异问房，房曰："代尔合家众人死矣。"后人每逢九日登高，盖因此意。

那茱萸、菊花怎样就能消此灾厄呢？

仙书云，"茱萸称为辟邪翁，菊花称为延寿客"，故假此二物，以消重九之厄。

原来有这等好处！也带此二物，办几碗菜，带几壶酒，同你到山上乐一乐！

风筝

那天上飞飞的是什么东西呢？

叫做纸鹞，又叫风筝。我这里七月就放起到如今。

好玩的糊一个大大的，也有画着人物，也有画着禽虫，拿一捆粗粗麻线，或在楼台顶，或在街坊间，或在教场，或在山坡，朝着风头的放。也有放得高的低的、远的近的。至夜间不收，点着灯顺风吹上，那灯火光亮亮的。人晓得的，是纸鹞上灯火。不晓得的，疑是天上的星，怎么这样大？就在那里仰望。

闲常怎么不放，都挨到秋时，何缘故呢？

闲常我这里的风气是自上吹下来，纸鹞不得升高。到了秋时，风气是由下刮上去，纸鹞才可以放得起。

这样说，放没有多久？

登高过，渐渐就少了。

冬至

明日冬节，各官都要到西门外皇帝亭那里拜冬。

冬至也算得大节么？

冬至应子建，在地支十二之首；属黄钟，居律吕十二之先。周朝用之为正月，称曰亚岁。天子历书于是时颁行天下，这节如何不大呢？我福州风俗，以冬至前一夜，用糯米泡湿，杵碎成粉，将纱罗筛得细细的，调滚汤和作一团。一家男女大小老少齐集，点一对大烛，放在桌上。放三声炮仗，将粉放在手中，两手合搓，搓毕收好。冬至日早早放在锅内热汤煮之。浮于汤面则熟透，盛起碗中，加些糖散于上，名为汤圆。先供神明，次供祖宗。供毕，然后大家才吃。各家普遍都是如此。

这汤圆有什么口味，如此珍重呢？

虽没有什么好口味，因是乡俗，前作后述，不得不如此珍重哩！

寒冷天

这两天冷得狠，房瓦上都是霜，地下水都结成冰。衣服虽穿得多，不见暖，脚手冷得要断。

这样冷天，那棉袄不济事，要穿皮草方好。脚手若冷，弄个手炉脚炉烤烤。

这外面有了可以遮寒。腹里冷起来，有什么主意呢？

这有何难，暖锅弄一个，中间红红炭火放些，菜拼几样入暖锅里，盖着给他汤水滚滚。酒烫上两壶，热热酒斟起来，菜送起来，吃得又饱又醉，腹里就暖了。外面有外面方法，腹里有腹里方法，怕他天寒地冻则甚！

依你这等说，若是有钱的人，固然做得来的。假如那没钱的人，怎么处呢？

没钱的我就不知道了。

这是你只知道富贵受用，不知贫贱吃亏。又道是"素富贵行乎富贵，素贫贱行乎贫贱"。

不管他，且来受用受用！

教场

今日教场大操兵，好看得紧。那些官坐在官厅上，那些兵都在教场中。骑马的列一排，带弓箭的列一排，打牌枪的列一排，舞藤牌的列一排，打大炮的列一排。也有穿盔甲的，也有穿虎衣的，也有穿号帽号褂的。两边架起帐篷，团团围住。帅台上一员官，手执令旗一招，号炮一声响，那马就跑起来，众兵疾走，交互归立本队大旗下。那些枪炮就响起来，打得有一个时辰久。一住大家都住，齐齐整整，并无有一个先后参差之声。然后鼓亭上金鼓吹打，退于照壁墙边，把木城遮蔽密密的，也没有一个人看见。真真娴熟！

你在那里看呢？

我在玉皇阁山顶看。

怪道是我都不曾遇着你。

你又在那个所在看呢？

我站在官厅墙边看。我那里近，看得明白。你那里远，看不真。

虽然好看，人多挤得狠，那拦人的又要拿皮鞭打。到不如我那里自在，远远看去觉得十分有趣。

这也说得是。还让你老本。

年关

如今年逼了，各人都不是心思。

为何不是心思呢？

你不知道，过年项下多。人有欠我的，一年积到如今，要讨。我欠别人的，要还。家中妻子要买几匹布做衣服穿，又要买些年货。

　　要什么年货呢？

　　肉几十斤、鸡鹅鸭几只、鲜鱼几尾、丝蚶十数斤、咸淡食物、菜蔬、柴米、油盐酱醋、茶酒、香烛、元宝、阴银、钱纸等项。还有果子、红桔、瓜子、花生、枣圆、柿饼、红黑枣、番薯干、甘蔗、莓苺、黄萝卜诸色，样样都要费钱。

　　不买他做得做不得呢？

　　做不得。一家之中供有菩萨，一境之中供有土神，都要备个五牲礼仪或三牲礼仪，在神前拜拜辞年。至除夕，父母、兄弟、妻儿大家坐拢，吃个团年酒。其余遇有亲戚朋友来拜年，以便留他吃个新年酒。有小孩子来拜年，分些果子与他，又分些铜钱与他。那家里做些新鲜衣服，也要去别人家拜年。或人来家里，有两件好衣裳也见体面。这些项，一点都是少不得的。

　　有一等人，赤贫如洗，借又没有地方去借，挪又没有地方去挪。怎样好呢？

　　这等人叫做没奈何了。凡人心都想胜过人，那肯愿不如人。到那穷乏地位，讲不得了。若是略略有点力量，也要轻轻铺序，家中给妻儿欢喜，外面给亲友敬重。所以勉强备办，不肯令人取笑。

这果然是，这果然是！

送灶

你这里人家，于十二月廿三、廿四此两日送灶，有没有呢？

灶君为一家所尊，司命之主。凡人饮食，必经其处。上帝委他在人家考察功过，凡一岁上天一次呈奏。古传于岁末此二日送灶，今人因之。

灶君上天，有人看见没有呢？

菩萨乃幽微之事，那里许人看见，不过是想象而已。

用什么礼物供养呢？

也有荤菜的，也有素菜的，糖料、果饼等仪。

别位神明也上天去不去呢？

各位神明都一齐上天，各奏所司之事。

几时回来呢？

于来年正月初三、初四两日回驾。各家都具香烛迎接。

如此看来，这十日间，凡世都没有神明？

这个不得知道。只是前人如此作，今人如此述就是了。

今夜岁除，一年都平安，恭喜！

大家同喜！

吩咐下人

我这几件衣裳腌臜得狠，你替我拿去洗洗干净些，用米浆浆浆，看有线缝裂处，帮我缝一缝。有破的所在，帮我补一补。这双鞋昨日踩都是泥，拿来刷一刷。那件袄子上霉，拿去晒一晒。这双袜底破了，换一双好的。那帽子都是灰尘，拿去抖一抖收起来。地上恶浊得紧，拿扫把来扫一扫。椅桌上拿鸡毛挡来挡一挡。香炉拿干净布来擦一擦。炭基烧红，钳于炉中，檀香束香拿几块烧。花瓶拿去将旧水倒了，入些新鲜净水，鲜花折两枝，插在瓶中。茶罐拿去将底茶倒了，并茶杯、茶盘洗干净。

滚水扇一壶，茶罂内有松萝茶泡一罐。炭火钳些放火笼里，放在这块好给人吃烟。

批评学子

你这几日那里去，不来读书？

学生有事，未曾到先生尊前告假，有罪。

你既有事，务必要去料理。若是无事，不可偷闲懒惰。你万里重洋来到中国，海上惊风怕浪，不知受了多少艰辛。只望读书会讲官话、知道礼数，回去做官，荣宗耀祖，给父母欢喜。你若贪玩，不肯苦心勤力学习，一日混一日，一月混一月，光阴似箭，日月如梭，转眼又是一年了。你虽在中国三年五载，名为读书，其实不曾读什么书。至回国之日，官话一句也不会讲，礼数也一点都不晓得。人若问你，你也自觉含愧。若再问你去中国从那位先生，说起我名姓，连我先生也不好听。我做先生的，譬如那做医生的一般。有病人求他医治，他心中爱，个个都要医好。稍有药不对效，必须探本追源，按脉切理，把那病根断尽，安健身体。我做先生的，也替他都似一样心肠。有一个学生，就爱这一个学生通；

有百个学生，就爱那百个学生通。学生有名声，先生也有名声；学生没体面，先生也没体面。别人不好说你，恐你不悦意。我先生要直说的。你细思量是不是？

先生所教训都是至理明言，学生谨遵。

请教问题

前日教你的书，你都会念不会？

学生都会念。

你拿来读给我听。读完了，我再授些新的书给你读。你若是那书中有不明白处，只管来问我，不可含糊放过他去。

学生书中大半晓得，内中只有一二句细微处不当懂。想要问先生，恐问得多，先生劳神。

你不要仔细。诲人不倦，是先生本等。你来问，我先生更欢喜。人非生而知之，都是学而知之。有疑必问，有问方明。若无穷究问难工夫，所学终无进益。

学生领命，凡今以后有不晓得的，都要求先生教导。

这样才是。

教化

我想人生在世，君臣、父子、兄弟、夫妇、朋友这五伦的道理不可不知。蜂蚁尚重君臣，为人岂不尽道。当思君恩山重海深，民溺同于己溺，民饥同于己饥。在官者月縻廪禄，荣宗荫子，待下何等优厚。求其正心忠君爱国者少，不过苟且职任而已。这是为臣之道大有亏了。

羊有跪乳之恩，鸦有反哺之谊，尚知父母，为人岂不尽道？当思父兮生我，母兮育我。十月怀胎，三年乳哺。未寒而加子以衣，未饥而加子以食。稍有疾，父母日夜心中不安。如此深恩，昊天罔极。求其真心实意爱慕父母者少，不过奉养无缺，他就自称能孝顺，岂知那不孝顺处还多哩。这是为子之道大有亏了。

鸿雁有先后之飞，鹡鸰有急难之意，尚识兄弟，为人岂不尽道？当思一脉所生，譬如一身之中，手能相护，足能相随。若有欠缺，则此身不能完全。虽平日外面知己有人，及至大故，还要自亲。求其真心能友能悌者少，不过不听妻子言语，无争无议，他就自称兄弟和气，不知那敦厚手足的事，岂但如此？这是兄弟之道大有亏了。

鸳鸯日则并翅同飞，夜则交颈同宿，尚知夫妇，为人岂不尽道？当思《周南》首载《关雎》，《召南》先咏《鹊巢》。凡世间百事，都从夫妇中做起。天地是一大阴阳，夫妇是一小阴阳。天地和而后雨泽降，如夫妇和而后家道成。世间往往有这等之人，为夫嫌妻貌丑，为妻嫌夫家贫，遂至反目，求其能百年伉俪、相敬相守者少。纵有那等家室无争，或且妇人刁恶，丈夫恐外人取笑，不与计较；又或丈夫凶暴，妇人畏他打骂，吞声忍气，不敢触犯，不过委曲顺从，免得生气，那有真心唱和之意？这是夫妇之道大有亏了。

兔死狐悲，物伤其类，尚知朋友之谊，为人岂不尽道？当思我有善，他来相劝；我有过，他来相规。可以救生代死，可以寄子托妻。古人车马轻裘与共，何等谊重！今人交朋结友，大抵都是那势利上讲究。富贵的人，就与他相亲熟；贫贱的人，就与他冷淡。你虽有十分真心待他，他却无一点实意向你。若你有钱有势，那些人都来奉承。见你意好色，就邀你入花街柳巷；见你意好赌，就诱你去赌博场中，从中取利肥己。那里有苦口良言劝善规过的好心肠？弄得你家计萧条，各人都散去，也无一个来问你一声。内中也有二三个正人君子，他为人正直，不肯谄谀，见你行事不着，就要说你，就要怪你。你起初不知他是好人，把他冷冷看待。他见你如此光景，两下遂疏远了。到后来，虽然知道，追悔无益。这都是你有眼不识人，怨着谁来？还有一样好名誉、假结交的人，不过寻常酒食聚会，往来稠密，他就自称会交朋友。至于朋友中或遇困乏开口借贷，他就有难色，推三诿四，说七道八，那肯有周济之情？这是酒食朋友，不是协心朋友，又大有亏了。

以上五事，是人人所必有的，亦是人人所当行的。能于此潜心省察，自少至老，一一尽道行去，略无一点惭愧于心。

生活常识

一座大屋，上有梁椽、尘板、砖瓦，下有地基、地板，中有柱、穿枋、腰板、门户、窗牖、门楼、回廊、天井、檐前滴水、阴沟、阶坎、大厅、客厅、花厅、内堂、卧房、披榭、厨房、水井、粪厕等项。

神明所居的为庙，儒士所居的为学，和尚所居的为寺，尼姑所居的为庵，道家所居的为观，皇帝所居的为殿，官府所居的为衙，宾客所居的为馆，读书所居的为斋，商贾所居的为行，市鬻所居的为店，路中栖止者为亭，途上接应者为驿。还有楼、阁、庐、舍，皆因处所称之。

称父母曰家父家母，称公婆曰家祖家妣，称叔伯曰家伯家叔，称兄姐曰家兄家姐，称弟妹曰舍弟舍妹，称父之姐妹曰家姑，称母之兄弟曰母舅，称母之姐妹曰娘姨，称母舅之妻曰母妗，称娘姨之夫曰姨夫，称父之兄弟之妻曰家伯姆家叔姆，称父之姐妹之夫曰姑夫，称父姐妹之子与母兄弟姐妹之子俱曰家表。称子曰犬或小儿，女曰小女。称兄弟之妻曰家嫂弟妇，称兄弟之子曰舍侄，称妻曰拙荆或曰山妻，或曰贱内。称妻之父母曰岳父岳母，称妻之兄弟曰敝峦，称妻姐妹之夫曰敝襟友或曰敝同门，称女之夫曰小婿，称姐妹之子曰舍甥，称子之子曰小孙。称先生曰敝业师，称学生曰敝徒。此其大概也，其余各以类推之。

称他人之父母曰令尊令堂，公婆曰令祖令妣，伯叔曰令伯令叔，兄姐曰令兄令姐，弟妹曰令弟令妹，称他人父之姐妹曰令姑娘，称他人母之兄弟曰令母舅，称他人母之姐妹曰令姨娘，称他人母舅之妻曰令母妗，称他人母姐妹之夫曰令姨夫，称他人父兄弟之妻曰令伯姆令叔姆，称他人父姐妹之夫曰令姑夫，称他人父姐妹之子与他人母兄弟姐妹之子，俱曰令表。称他人之子曰令郎，称他人之女曰令爱，或曰令千金，称他人兄弟之妻曰令嫂令弟妇，称他人兄弟之子曰令侄，称他人之妻曰尊夫人，称他人妻之父母曰令岳丈岳母，称他人妻之兄弟曰令舅，称他人妻姐妹之夫曰贵同门或曰贵联襟，称他人女之夫曰令坦或曰令婿，称他人姐妹之子曰令甥，称他人子之子曰令孙，称他人之师曰令业师，称他人之学生曰令高徒。此亦大概也，其余各以类推之。

道德教化

大凡为人，存心要良善，做事要谨慎，待人要宽厚，处己要谦恭，居富贵不可骄傲，居贫贱不可谄媚。人有贤能，我表扬之。人有忌讳，我包藏之。不义之财勿取，不义之惠勿施，不义之事勿作，不义之人勿交。居家克勤克俭，请客宜敬宜丰。教儿孙务当正道，责奴仆不可苛刑。黄金万两，日食不过三餐。大厦千间，夜眠只容七尺。总求知足，切戒贪心。圣贤无限事业，有志能成。天地许多祯祥，惟和可致。险地勿立，危处勿登，歹事勿近，恶语勿听。逢人只说三分话，不可全抛一片心。莫信直中直，须防仁不仁。君子安常守己，小人越理乱伦。天道吉凶消长，人事进退存亡。万事不由人计较，一生都是命安排。怀刑方能免刑，逐利未必得利。为人莫作亏心事，举头三尺有神明。积善之家，必有余庆；

积不善之家，必有余殃。勿以善小而不为，勿以恶小而为之。差之毫厘，失之千里。当思流芳百世，切虑遗臭万年。自少至壮，自老至终，以此省察，万无一失。

你这人小气得狠，菜蔬不舍得买一样吃，衣服也舍不得做一件穿穿。终日吃的只是稀粥菜羹，穿的只是破袄。朋友也不接待，亲戚也不往来。一文铜钱就像你的性命一般。若人少欠你些须，就与人拌死忘生、水火不顾争取。至于有病，也不去投神保病，也不去请医吃药。死宁可给他死，想要用钱，这是万万不能的。你虽有田园产业、金银财宝，一朝大限来时，催你去见阎王，那些东西岂能带得一点去？不过一部棺材收殓尸骸而已。从前千辛万苦，不食不用，积蓄成个大家，到如今都不相干了，岂不是痴愚太甚么？虽你称为有钱之人，其实是看财奴。那财借你看看，怎能消受得起？生好的子孙，还守得住。生不肖子孙，乱嫖乱赌，大食大用，只消三年两载，把那些产业弄得罄尽，钱财空虚。不用得数十年间，将祖父俭积白白的送与别人去享福了。闲人还要议论道，某人那样钱财利害，怎的不长久呢？说长说短，也有叹息你的，也有取笑你的。你神魂有知，将必悔恨于九泉之下矣。我今劝你，虽不可华奢过费，当食则食，当用则用。不可太过，不可不及，凡事择中而行。堪叹人生在世，那有百岁之人。乘时作乐，衣禄受用，安享暮年。何必终日劳劳碌碌，为钱财苦累？古语说得好："命里有财终须有，命里无财莫强求。"又道："儿孙自有儿孙福，莫与儿孙作马牛。"那钱财不过是世上之物，能消受者为福，不能消受者反为累。我与你相好，冒言冲犯，不要见怪。

承你教导，我如梦初醒。谨当佩诵，我感谢不尽了。

小孩儿

我和你说，你们大大小小到我这里来读书，先不先有了三件不是的事情。等我分说一番把你知道，你们须要牢牢地记住在肚里，不要忘记。原来人家幼年间到学堂读书，不是学人不正经，是要学好的意思了。难道做爹娘的，叫你时时送来学个不长后（不成才）不成？我这里就是学堂，一个礼貌之地，不是花哄的所在了。你既然晓得我这里是学堂，应该正经些，不该乱七八糟只管放肆。适才我说的那三件，第一件是先不先容貌不端揩，动手动脚竟没有读书人的模样，举动燥爆得紧。我看你上楼跟跟跄跄飞一般走上来，那梯子的板䫬剌剌响。若是梯板希薄的时节，只怕踏破了，踏得粉碎的哩。

一下到楼上，坐也不坐，戏颠颠走来走去，反背着手在那里，野头野脑，一些规矩也没有了。看你坐法，又不是端正。东倒西歪，或者靠着壁子，或者靠着桌子，不是伸脚，就是探头、弄手势、打鹤喧（哈欠）、打瞌睡、掀鼻涕、吐馋唾、捉虱子、取耳朵。多嘴的多嘴，放屁的放屁，弄手弄脚，无所不至，没有一刻坐得端正。你说好个读书人的样子么？

第二件，不肯用心读书。懒惰得紧，我辛辛苦苦教导你十来遍，看见你略觉记的，又换个别人来读，叫你依旧到自己的坐头上去读。去的时节再三再四吩咐你读，你偏生不肯读，读了一遍就歇一回。歇了好一回，才读一遍，那歇息之间，油嘴放屁的，打起蛮话来，把没要紧的事情说过来说过去。我说他、他说我，这个骂、那个恼，那个笑、这个哭，推的推、倒的倒、挤的挤、扯的扯、跳的跳、走的走，你吃水、我吃茶，你小解、我大解，还不上半刻时辰，连那小便出恭十来遭是定有的，只怕还不止的哩！据我想来，那里撒得这许多小解。照你这样撒得多，一天里头十来个净桶毕竟撒满了。这都是要偷懒，所以推个说小解，只管走上走下。

又有一等会顽的，看见别人家打瞌睡，悄悄地研了黑墨，或者研了红朱，用笔搽了脸，又是把茶碗里头吃残的茶儿，照脸上一泼，泼得满脸都是打湿了。或者把席子上狼狼藉藉的字纸收拢来，把手搓艾圆一般，圆圆儿搓来，望脸孔丢过来、丢过去。看我在楼上的时节，还像个用心。我若下楼，看我不在，不但是不肯读，就是收起了书本，把书本做个枕头，两脚照天睡倒在那里。及至听见我的脚步响，连忙把书本颠颠倒倒，摊开来假活儿读。还有大汉子，把曲本《西厢》这等的闲书藏在身边，带过来放在侧边，假做读书，低低儿唱曲子，把一个学堂当做戏台上。你说煞野也不煞野？这样懒东西，学文怎么学得到。

内中还有最懒惰、大不长后的，既不肯读书，常常害怕被我打骂，有个好几天不来。我差人去问他，假活儿造出没原没故的套话来，凑我的巧，只推伤风伤食、头上痛、肚子疼、腿酸脚软，一天不来，两天不见，五天十天、半个月二十天、一个月两个月、几个月都不来，直等我好几遭差人去叫，他方才懒懒散散的走过来。你说是个人不是个人？一些人气都没有的哩！还算得一个吃人饭的么？

第三件说话得不是了。原来说话，也有恭敬人家的，也有轻贱人家的。大称呼、小称呼都有分晓。遇着老人家，当称某老；遇着年长的人，当称某兄；你若尊重人家，人家也来尊重你。得罪人家，人家也来得罪你。这个应当之理了。还有进退的话，也有忌讳的话，这个也要晓得。我看你们的说话，竟不分贵贱，蛮七蛮八，粗糙得紧。大的对小的讲也不是了，小的对大的讲也不是了，没有一句中听的。开口动不动讲下贱的话，戏弄人家，不说叫化子，便说呆物事、强东西、蠢物事、活作怪、活强盗、狗奴才、捏狗屁、吃粪的、饭袋子、眇一目、跛一足、鹅鸭脚、瞎眼的、耳聋的、驼背龟胸、歪嘴、鸡蒙眼、斜眼睛、麻脸孔、疙瘩脸、东瓜脸、西瓜脸、瓜子脸，说得这许多腌臜腌臜的蛮话，听也不好听，或者见别人家拱手作揖，略觉晓得礼貌的，倒是嫉妒起来，冷笑说道"好个假粉脸，你独自一个妆模做样，一味妆腔"。

又是看见别人略略肯读的，就哄诱他说道"单单你一个人埋首头读这个死书打帐做什么。文章明日等你学会了，肚里饥的时节，可将来当得饭吃，冷的时节做得衣裳穿么？照你这样费了精神，劳心大过，明日生起病来，那时节请郎中吃煎药多少破费了。这也罢了，做父母的求神拜佛，许愿心、求求签，十分费心，岂不是大不孝？莫若学我，大家一样说说笑笑、平常康健的，父母多欢喜了"。你看说得这样乖巧，听起来像个本分的。但是这个正真是放屁的说话了。其中还有好事的，取笑人家，取个绰号，譬如姓李的，说他李猫儿；姓张的，说他张狗儿；杨乌龟、吴王八，听起来十分好笑。这三件事情不过是大概而已，还有许多不是的所在，那个慢慢儿讲罢了。

现见我十分严紧的，都不听我说，不肯学好，还禁得不骂不打，恐怕爬到我的头上来哩！依我看来，世间再没有像你大家这样煞野的。只怕是少有，也不可知、不曾听见。听都不曾听见过的，看见越发不消说了。如今这样光景，不要说读书读不来，连那狗屁吃茶、吃饭也学不来了。我想来想去，想出一个论头来。大家这样撒泼，究竟学不成了。索新把你不要读书，替父母商量，教你学做生意。

但是说莫说，做生意也不是个容易做的。先不先做人停当，会写字、会算盘、十分能干的才会得去撰钱。你若不在行，痴痴呆呆、一窍不通的，就是手头有了两分本钱，都被人家骗了去，个么连生意也不敢把你去学。人家说的日图三餐、夜图一宿的废物儿，就是你们说话了。想东想西，真个奈何你不得，不知叫你学什么事情，可以学得来。你既不成器，我的意思，宁可把大家一个一个赶出去，以后不要来读书。但是教导了一年半载，读过几本书，算做我的学生了。不论正经不正经，学生的名分是都有的。若不是把好言好语劝化你的时节，倒说我没情。我是你的先生了，既做了先生，不得不严。

我的做人虽没有什么稳当的事情，平常不曾哄诱你做个不好事情，肚里虽没有什么大通的，笔也搠得出，我说的唐话虽不如唐人的口气，不过在谩撰而已，但是不是讲假话，又不是打梦话一样不三不四的，算做一个唐话可以做的准了。你若依我的教法，平上去入的四声，开口呼、撮口呼、唇音、舌音、齿音、喉音、清音、浊音、半清半浊这等的字韵分得明白，后其间打起唐话来，凭你对什么人讲也通得了。苏州、宁波、杭州、扬州、绍兴、云南、浙江、湖州这等的外江人是不消说，对那福建人、漳州人讲，也是相通的了。他们都晓得外江说话，况且我教导你的是官话了。官话是通天下，中华十三省都通的。

若是打起乡谈来，这个我也听不出。那个怪我不得。我不是生在唐山，又不是生成的。那个土语各处各处不同，杭州是杭州的乡谈，苏州是苏州的土语。这个是你们不晓的也过得桥（过得去）。

我替你说，讲一个唐话，先不先要个脸皮。脸皮不厚的时节，就打不来。我若对你讲唐话，不但答应不来，满面通红，红了又白，白了又红，小解多少怕羞，十二分害羞的，推个就走开去。依我看来，你们是算不得正真的薄脸皮，又不是老实的，为何呢？唐话、日本话都讲得一样，那个就算得天生脸皮薄的了。在我背后讲日本话的时节，鬼话连天，只管多嘴，一日到晚总是不住口，脸皮铁也似厚。若说起唐话来，不但是脸皮薄，像个耳聋口哑一般，口都闭住在那里，一个脸孔妆做两样，岂不是妆鬼么？

我做先生的，再没有可怜这个，不可怜那个，爱惜聪明，不爱惜不聪明，大的小的都是一等看待。我每日自从早起到晚头，一日寸步不离，坐在楼上，就是略有小病，忍着疼痛，劳劳碌碌指教你们。你们若是发狠肯读，笔下也来的，话也会讲两句，那时节人人称赞你说道："某人是某人的学生，因为先生严紧，学生们都会成器。"若得这样说，不枉了我每日费心教导你。连我也添了光辉，心里多少欢喜了。

做一个人家，要晓得"知恩报恩"这四个字。你既做了我的学生，要晓得我的恩。我说的恩在那里呢？一个懵懵懂懂、一字不识的，千辛万苦指点你，方才字也识得出，书也念得下。后来肚里大通，做了职事，一年收多少俸禄，又不少吃，又不少穿，快快活活过日子。

究起这个根本来，都亏我好几年用心教导你。教道上来的，只当置了几所良田美产送把你，一生受用的一般了。既受这样大恩，若不晓得报，竟是土木了。

据我这样说，像个贪图你的报恩，故意说法要你报恩一样，觉得粗俗。但是我的心里不比别人，原不要你报恩，又不要你不报恩。有一种道理，报恩也有几等几样。譬如看见恩人手头贫穷，送米粮、送柴火、送银子周济他，或者替他计较，寻个门路，抬举他做职事也有，救命的也有，救病的也有。鸟兽也晓得这种道理。麻雀是含环报恩，乌鸦是反哺报恩。这等的故事还有许多，说也说不尽了。我不是贪图什么这样的便宜，明日纵或我家遭瘟荡，败了家私，没得饭吃，也不要你们送口粮。我若造化不好，一生一世也没有前程，也不要你们方便，又不消奉承我，又不消疼热我，冷阿暖阿都不要你费心。只有一件事情，依我的说话，那个就在我身上算得大大报恩了。

你道什么事情呢？一来守规矩，做人要正经；二来发狠读书，当心学话。你若做人忠厚，不学不长后，肚里大通，唐话也会讲，明日头的时节，不但你一个人体面好，连我的名声也惹得大起来了。

因我多说几句正经的话，劝你大家，大家谅来听得厌烦，必定说道是多嘴。但是索新不做我的学生，凭你好也使得，不好也使得，哪里管你的闲帐。学生就是儿子一样，看见大家明明这样做人放荡，那里有个不打不骂的道理。就是略觉本分的，也要不得不严。古人说道，师要严。严师自然得个好学生。有一等人家，只晓得爱惜儿子，一味娇养，听见先生打骂，倒是埋怨先生了。这个算不得爱惜儿子，就是蜜里的砒霜，伤害儿子的了。常言说道："桑条从小熨，长大熨不曲。"又说道："小时偷针，大时偷金。"所以幼年的时节，做爹娘的、做先生的，若没有打骂，凭他作娇任性、任情放荡惯了，一下到了长大的时节，要长也长不来，要短也短不得。

我今日严严紧紧写一个条款，贴在壁子上，大家须要依这个条约上的规矩。若不遵依，把板打你。极少的打五板，或者打十板。若多，二十板、三十板，还有五十板、一百板。看你那个顽得多，那一个顽得少，那一个还像个读，那一个竟不读，那个放肆，那个正经，量定你的罪轻重，板子也有增减了。若还要狠些，把索子箍起来，吊在梁上，饿你一天。不然，面盆里满一盆的水，抬在你的头上，撤在天井里头，热天晒你一日，冷天冻你一日。

只是有罚没有赏，也不成规矩。所以落得我破了少钞，每日买了几十个馒头，放在身边。这个馒头也有多寡，看见你略觉肯读的，赏三个或者赏五个。若是十二分肯读的，赏十个二十个三十个。要多吃要少吃，都在你的心上了。我这样费心教训你，你若不肯学好，正是叫做入宝山空手回去的了。大家要紧要紧。

语言自迩集

问答章之一

您贵处是那儿？
敝处是天津，没领教。

我也是直隶人。
阿！原来是同乡。

他那一位是那儿的人？
他是外国人。

到这儿来做甚么，您知道不知道？
我不知道，您问他本人儿就知道了。

请问尊驾到我们这儿做甚么？

我是个做买卖的。

您带了来的都是甚么货？

都是东洋的油漆碎货。

阿，您贵国是日本国么？

不错，是日本国。

怎么呢？我听见说过贵处出入很难。

头里却难，近来开了禁区咯，就好些儿咯。

我们的商民也有上那儿去的没有？

贵国的商民也有。

我们的人在那儿，是那一省的人多？

他们多一半儿是打广东、福建去的。

他们的买卖大小呢？

只怕没甚么很大的罢。

为甚么呢？没有本钱么？

他们的本钱大概不很多。

没钱往东洋去干甚么？

他们多一半儿是跟太西各国的人去的。

太西国的人带他们去有甚么益处儿？

是用他们管行作经手的。

他们合日本国的人对劲儿不对劲儿？

彼此怕都有点儿不相信罢。

问答章之二

您纳骑的不是我们这儿的马么？

不错，是在贵处买的马。

是谁替你买的？

店里那些人替我挑的。

他们合你要了多少钱？

他们要了三十两银子。

你给了没给呢？
我看着价钱多了一点儿，没给。

你到底给了多少银子？
我跟他们定规是二十二两银子。

这匹马从前是我的。
阿，你为甚么卖了？

因为家里没钱才卖了。
不是因为有甚么毛病阿。

一点儿毛病都没有。
你底根儿多少钱买的？

那时候儿有钱，买的贵。
你那时候儿是有差使不是？

我头里是当衙门，到先父去世的时候儿搁下了，回去料理家务。

哎呀，令尊病的日子久么？

可不是么？病了十来年呢。

他纳这些年的病，谁照应家里呢？

我父亲虽不能出门，还可以管家里的事。

令尊若是在世，你的差使还可以当么？

可以当不可以当，还不定。

怎么不定呢？

差使的得项若是多些儿，我还愿意当。

你从前当差还得赔垫么？

倒没那个，总得能多点儿才宽绰。

你别怪我说，你搁下的不当。

那么，依您纳主意，当时叫我怎么办呢？

那王大人不是你们亲戚么？

那是我们本家。

更好了，他新近不是放了巡抚了么？

是阿，放的是河南巡抚。你纳还有什么高见？

我想你若还当着差使，那老大人必肯提拔你。

这是错想了。你不知道，他向来不喜欢我。

你不过这么想，甚么是个对证儿？

他上次出外，我求他带我来着。

他怎么回答你的？

他说的就是天底下没有人，我也不要你。

阿，他说的这么言重，有甚么缘故么？

他恨我年轻的时候儿不勤俭。

唉，你放心罢。既往不咎。老大人那儿还那么恨你？

你不知道，他还有别的话呢。

那儿有总不肯宽宥的话么？

他说过，"我无论到甚么分儿上，再不能照应你"。

可惜！有这个好机会，你得不着益处儿。

没法子，谁教我底根儿没出息呢。

令尊留下的家产，专归你一个人儿了，是还分给一家儿了呢？

还有我们家兄舍弟，一个人分了一分儿。

分的还是令兄的多呀。

不是，是三个人均分的。

留下的是银子钱哪，是产业呀？

有现银子，也有房子、买卖。

身底下住房，你又不是长子，为甚么归你？

从前先父在的时候儿，家兄就管买卖。

阿，就是你在家里伺候令堂。

原是阿，因为舍弟也是在外头作幕。

问答章之三

来。

喳！（进来问）老爷要甚么？

你是甚么人？

小的叫来福。

你姓甚么？

小的姓张。

你在这儿干甚么？

小的是替哥哥来替工。

你哥哥是谁？

小的哥哥叫来顺。

阿，就是给我看书房的那个来顺儿么？

不错，就是那个来顺。

他没告假，怎么走了呢？

因为老爷欠安，他不便告假。

怎么不等我好了呢?
家里有件很要紧的事。

有甚么要紧的事情呢?
小的母亲病的利害。

既是这么着，怎么他走了，你来了呢?
他回去，是小的父亲叫他；小的来，是怕耽误老
爷这儿的工夫。

阿，别的先勿论，底下人出门到底应当告假。
请老爷饶他罢，小的哥哥也快来了。

你家里离这儿远近?
不算很远。

怎么不很远?
至多有四里地，还是在东城呢。

是了，你这个人先回去罢。

小的哥哥就得回来么？

到晚晌来也可以。

阿，那不是来顺来了么？

阿，叫他进来。你去罢。

老爷没有别的事使唤小的？

没事，你去罢。来顺！

小的糊涂，请老爷宽恕。

你真糊涂！出去为甚么不言语？

老爷欠安，他们是急于合我要钱。

他们是谁？要的是甚么钱？

那天替老爷买的桌子，铺子里要钱。

那铺子不是在西城么？

不是，铺子是在城外头。

城外么？离那个门近？

小的城外的道儿不大熟。

这铺子在北边儿在南边儿，还不知道么？
阿，小的想起来了，在安定门外。

这里头我有点儿不大明白的地方儿。
老爷不明白甚么？

你这个人总得说实话。
小的不敢撒谎。

阿，院子里甚么人吵嚷呢？
小的出去看一看罢。

不用去。放窗户罢。
唉，有个人闯进来，是甚么事情？

你不是赶车的么？闯进来干甚么？
嗳哎！小的给老爷磕头，求老爷作主！

作甚么主呢？

嗳哎！丢了钱、挨了打，求老爷伸冤。

你丢钱挨打，与我何干？
不关老爷的事，却关老爷的底下人。

我那个底下人？可是那个来顺么？
阿！不错，就是他！我头里没理会他。

他合你怎么了？
我的车钱，他那儿给了么？

是北城来的那个车么？
甚么北城阿？我是马驹桥店里的。

咳！这个还得说详细，你可小心细说罢。
小的若有一句谎，老爷要了我的腿都使得。

你们今儿是甚么时候儿起的身？
鸡叫的时候儿才套车。

是单套？是二套？

是二套车，为走的快。

车上就是这来顺一个坐儿么？

还有他一个同伴儿。

要快是那个的主意？

来顺雇车来的时候儿，说若快，可以多加几个钱。

你们说明白了是多少钱？

说定了的是五吊钱。

连他要给加的钱都在里头么？

都说在一块儿了，小的不讹人。

车价还罢了，是因为这个打架来着么？

总没合他打架。

怎么了？你不是才说挨了打了么？

小的说挨打，可不是他打的。

不是他，是谁？

有好些个人，小的不认得都是谁。

都是来顺带了来的伴儿么？
不是，一个也不是来顺带来的。

他们是抢东西的么？
也不然。嗳哟！说起来话长。

就是话长，你也得说了。
请老爷补还我的钱，我就走了。

别忙！别忙！这件事我还得分晰明白。
不值得耽误老爷的工夫。

那你不用管，只要我问你甚么你说甚么。
老爷还问甚么呢？

这个张来顺是马驹桥的人么？
他父亲在村儿外头种个菜园子。

这么着，这来顺儿必是你素来认得的。

他小时候儿在街上玩儿，我常看见他。

他小时候儿是老实阿，是琉璃呢？
小的不肯说人的短处。

不要你偏说短处，他有好处你不能够说么？
请老爷补还我的车钱，我就走了。

就是，殴打你的是那儿的人呢？
是道儿上茶馆儿里的人。

离城门有多远儿？
不远儿，就在沙窝门外头。

是来顺儿在那儿喝茶来着么？
不是喝茶，是喝酒、吃东西。

你合他一块儿吃么？
没有，我出去拴鞭子去了。

拴好了鞭子就回茶馆儿了么？

赶我回来，他们先跑了。

跑了？就是坑你的车钱么？

不但车钱，连茶馆儿的饭钱都没给。

阿！他们跑了，茶馆儿就是合你要这个钱么？

可不是么。我不肯给，他们就打了我了。

茶馆儿打你这一层，我有甚么法子？

打不打没甚么要紧，请老爷找补我的车钱，我就走了。

车钱还容易，把他的工钱折给你就是了。

老爷可以这就赏罢。叫小的回去。

车钱你放心罢，这个茶馆儿里的事情你合他没话么？

没话，没话。请老爷给了钱，小的就回去。

你实在是个忠厚人哪，肯担待人家的不是。可是你回村儿里，要告诉来顺他老子，他两个儿子没有一个是材料儿的，这宗儿样儿的人我决不要他们咯。

问答章之四

龙田！

大人叫我作甚么？

院子里那个人是谁？

那个人是姓徐的。

阿，是你认识的么？

是我陈（曾）认识的。

你们俩是在那儿遇见的？

是在上海会过的。

是多咱（什么时候）呢？

好些年了。

你合他很有交情么？

可以，我们本是个远亲。

你们是亲戚么？他作甚么来了，你知道不知道？

不知道，大人要我问他么？

问问他也好。

他说是来要见大人。

来见我作甚么？

他说是他父亲打发他来，给大人请安的。

他父亲是作甚么的呢？

从前是作买卖，现在闲着呢。

这人我所不记得，是个作甚么买卖的？

西城那个大布铺，大人那儿不记得？

阿，那徐福庆阿！他我还记得。来的是他儿子么？

不错，是他的儿子。

让他进来。

大人让你哪。

大人好。

请坐，请坐。

大人请坐。

请坐，请坐。来。

喳。

沏茶来。贵姓是徐么？

贱姓徐。

徐福庆是你父亲么？

不错，家父的名字是徐福庆。

前几年我们就认识，他好阿？

托大人的福，打发我来给大人请安。

叫他惦记着，着实劳你的驾咯。

该当的。

我模模糊糊的记得他眼睛不大好，如今好了没有？

年纪这么大，眼睛还算可以。

那儿。说到年纪，岁数合我差不多儿。

家父今年六十九。

我七十一，比他大两岁。

我父亲要能够像大人这么硬朗，那是求之不得的了。

怎么不能呢？他没有我受的累多。

大人是为国家当重任，办事受的累多，我老子为家业，心里也有他的辛苦。

那是从前做买卖时候儿累的，如今是回家歇着了？

回家是回家，也是无可奈何。

怎么呢？买卖不好么？

也不尽是那么样。

怎么呢？莫不是银钱被了窃？

比丢了还可恶，所挣的钱差不多儿叫人家都骗净了。

可惜了儿的，是怎么呢？欠主儿绷了么？

大人，不是那么样，我父亲保的那个朋友跑了。

可恶！令尊的精神就是因为这个受伤，是不是？

自然是，家里人口多，没力量养活，不免着急。

你父亲跟前你们几个？

我们兄弟四个，还有三个姐妹。

这么多呢！未必都在家里罢？

个个儿都在家里。

我想那姑娘都是出嫁的。

本有两个出了门子，给的都是武官，上回西路出兵都阵亡了。

阿！他们俩孀妇就回家来么？

是，都回家来了，一个带着两个孩子，一个带着六个孩子。

嗳！那人口真真的不少！还有一个姑娘没出门子么？

那倒是岁数还小呢，常爱病。

常爱病么？是甚么病？

打我母亲死了他缺奶，后来不很足壮。

这实在可怜，还有你们弟兄们，量必可以帮着过日子。

我却很愿意，可惜没个道路。

你是长房的不是？

我排二。

可是，你大哥作甚么呢？

他腿脚儿有残疾，甚么都不能干。

嗳，这个光景可了不得，还有你的兄弟可怎么样呢？

我父亲收买卖的时候儿，他们还小呢，不能栽培他们念书，他们学的还算不深。

说来说去，你的意思是要托我给你找个事情，对不对？

大人肯这么疼爱我，我感激的心一言难尽了。

就是，你今儿个来意，实在是因为这个不是？

不是大人先提起来，我实在是不敢开口。

也罢，等我给你打算打算，请你过了十天前后儿来，再说。

真是承大人的提拔，我过几天再来请安。

咱们过两天见，请。

大人请坐。

问答章之五

龙田，那徐永再来的时候儿，你告诉他我出城去了。

嗳，可惜！叫他白喜欢了，他怎么得罪了大人了？

甚么得罪呢？他那些个话通身都是假的！

怎么呢？他不是徐福庆的儿子么？

这徐福庆的儿子那却是呵。

他说他父亲赔本儿，不是真的么？

赔本儿，原是赔本儿，可不像他说的那么赔本儿。

不是像他说的赔本儿，还是怎么着呢？

他赔本儿全是他自己糊涂，自己抛费了，没别的。

到底家里养活的人口多。

他养活家口倒没有那件事。不用提别的，那徐福庆早就不在了。

早去了世了么？他那些个儿女却是谁养活呢？

他女儿在他没去世之前就都死了，儿子单生了一个，就是这个撒谎的。

那怕大人是听错了罢。

一点儿也没听错，我细细儿的考查过了。你不是说合徐家有亲么？

不错，我说过。

这四五年来你都没见过他们罢。

不止四五年，有九年、十年的光景没见了。

就是了。那老徐在布铺作买卖，他的名声怎么样？

那一时人就说他狂傲，没有甚么别的不好。

他不是很爱吃烟么？

吃烟是有的，也有一点儿贪酒。

却原来。就是你在上海遇见那徐永，他在那儿作甚么？

他说是有人托他办土货出洋。

甚么土货呢？是茶叶？是湖丝？

有茶叶，有湖丝，有药材。

这些土货是要运到那儿去呢？

他说得是往北往南，我不记得。

他没有提办洋货么？

他巧来提过，我不记得咯。

没提过办洋药么？

办洋药原有的，大人提到，我才想起来，办洋药的那一层，他还些微的有点儿难处。

别是那洋药短了罢？

短是不短。价钱天天儿长，东西还足够卖的。

卖的是公然卖么？

也不算公然，都是趸（dǔn）船栈房里藏的。

吃的时候儿还是在洋行里么？

不是，徐永常去的是在窄胡同儿里头，一个小铺儿的后头。

阿，这徐永也常上烟馆么？真是有甚么老子有甚么儿子！

吃的也不大利害。

阿，自己不吃，尽是替人家办的罢？可是他那个难是甚么呢？

那时候儿烟禁没开，他办得了要出洋，还耽误了好些日子。

底下怎么出的口呢？

有装柴火的船，他把烟下在里头，偷着出口。

我以为上海的柴火都是进口的，出口是往那儿去呢？

去的地方儿大概不远。那船装的实在是柴火少洋药多。

所以闹出事来了。

闹出事来是这么着，那柴火船顺着水放下去，抽冷子有巡船来抓住了。

抓住了就把这货封了么？

还没有封，那些巡役们说，你若不多多儿给我们钱，可就要搜你的船了。

巡役们跟人要多少钱呢？

他们没说数儿，尽是叫他从丰。

这徐永他要给多少？

他那人糊涂，说要给一百两。

一百两！那实在从丰了，巡役们也不觉多么？

那儿不觉多？看柴火船给一百两银子，是没有的事，说是若不给三百两是要全封了。

这三百两他给不给呢？

他没有这么些个钱。

没有这么些个钱，他还有甚么法子办呢？

他写了个字儿，叫他们跟上海洋行里取钱。

奇怪！他们也肯要这个字儿么？嗳，他出了这个虎口是个便宜。

还有那，这不算所出了虎口。

怎么呢？那巡役们要了这个字儿又有甚么反悔呢？

不是那么样，他们大家没商量妥的时候儿，柴船和巡船一块儿往下走，撞了人家湾着的两只船。

又是两只巡哨的船么？

不是关上的船，是钦差刘大人的船。一只是预备他自己坐的，一只是他下人坐的。

可笑！还是半夜的时候儿么？

不到半夜，二更多天。

二更多天，刘大人合底下人必都睡了罢？

刘大人怕是在城里头公馆里，底下人们还在船上乐呀、唱阿的闹呢。

就是那些个底下人们，到底与海关上无干。

原是呀！竟是徐永那个柴船撞了他们的船，先是一惊，后来心定了一定儿就合他要赔补的钱。

要赔补甚么呢？

赔补他们受惊，赔补官船的损坏，随便甚么都算应赔补的。

他甘心受他们这个？我不明白。

一则是寡不敌众，二则是他的胆虚。

胆虚，是应该胆虚。到了儿怎么样呢？

那巡哨船早躲开了，徐永他经过那样儿的事，就长了一个见识，不照前次从丰，只给十两银子罢了。

他们依不依？

那儿不依呢？他们都喝的半醉了，要搜他的船也不能了，他给的不论怎么少都可以依得。

问答章之六

那旁岔话儿算结了。他那年办洋药是甚么人托他的，他告诉了你没有？

我不记得。

他不是说是他父亲叫他去的么？

那我实在是不记得咯。

不论你记得不记得，实在是他父亲叫他买的，后来他父亲关闭买卖的缘故，就是因为这个。

那儿呢，是他打算的不好么！

打算的不好那一句话也有的，那洋药出口是往天津去的。

阿！在天津叫人搜出来了么？

那船始终没到天津，走到山东海面儿上叫海贼把船扣住了。

这么着，老徐的资本全丢了罢。

不错，不但丢了资本，连顶戴也丢了。

他原来是有个功名么？那我却不知道。

是，他就是头年捐的。

是捐过阿。然而海贼那一案怎么会干涉着他的功名呢？难道说他与海贼通了么？

那却不因为海贼，是因为走私。

怎么？那个走私是叫官场中查着了？

哎，您想一想，那官役勒索的钱多，官场中有不知道的理么？

勒索了不过三百两银子，也不算很多。

你说是不多，这数儿也是应当合他们同事的均分的，那巡船上的人不但没按着分儿分给同事的，他们自己留的也是彼此相争。

大家为钱争闹，后来有个报了官的，是不是？

就是了。官既知道这件事。便细究个水落石出。把老徐从重的罚了。连他的功名也革了。

老徐像这么丢脸。也难怪徐永遮掩。

遮掩是该遮掩的。谁教他张扬来着？也不用编造他父亲因朋友受累的这些假话呀。

那可也过逾虚诈咯。

他说这个话儿的时候儿，我就有一半儿不信。我记得那李永城合他父亲很熟和，我心里打着合他打听打听这个人。

大概那姓李的说他没有甚么好话罢。

一句好话也没有。那徐永他是很认识得，徐永头里求他给找一个事情，他心软了，依了，没考过就保举了。

是个甚么差使？

是个贴写的事情，没有一个月就不要他了。

不要他，是因为他行止不好，是因为他没本事呢？

两样儿都不好，楷书所不能写，怎么能做贴写呢？而且说的话一句也靠不住。

那个人奇怪呀！没有钱，穿的怎么那么体面呢？

体面有甚么体面呢？那天穿的褂子也不怎么样。

怎么样不怎么样，也算是值钱的，他骑的那骡子也是很好的。

我估摸着他是坐车来的。

不是坐车，骑着骡子来的，那骡子十分的膘壮。

既然是这么着，你既知道他这么靠不住，又爱花钱，你还这么护着他，是个甚么道理？

人家从前很享福，如今没有路儿了，我见了他，心里怎么能不怜恤？

嗳，怎么怜恤他是凭你，竟是有一句话，可不用托我给他找甚么事情。

可惜了儿的，眼看着他这个人是要要饭的。

等他要饭的时候儿，给他顿饭吃到可以，叫我保他作甚么我万也不能。

按那天定的，约了他后儿来。

后儿他来了，你可以把我起先说的那话告诉他。

告诉他是大人一定不肯帮他么？

不是那个话，是告诉他我出了城了。

他若是问大人多咱回来？

你就说不知道多咱回来。

他若是天天儿来打听呢？

凭他来多少回，总不许他进来。

我想，不如简直的告诉他，若打算甚么事，你转托别人，不用倚靠大人咯，好不好？

那却不行，若是简直的告诉他不肯相帮，必得把所以然的话细说明白了，那更不必了。

哼？院子里说话不是徐永的声儿么？

若是他，随你用甚么话推辞，我是决不见他了。

我是说着玩儿的呢，来的是刻字匠，要钱来了。

叫他月底再来罢。

他先来过两回了。

不错，是有的，我应许了还钱，是得给的。

大人不必费事了，我替您开发了罢。

问答章之七

是你叫门么?

是我叫门。

你是那儿的?

我是城外头来的。

你找谁?

找姓孟的。

我就姓孟。

阿，您纳就是孟爷?

不错，我姓孟，找我作甚么？

广文斋打发我来的。

广文斋不是书铺么？

不错，是书铺。

叫你送甚么书来么？

不是送书来了。

怎么？手里拿的不是书么？

不是书，竟是个书套。

没有书，竟送个空书套作甚么？

这书套不是空的。

不是空的还装着甚么？

装着几张画儿。

画儿？怕不是送这儿来的罢。

没错，是给这儿送来的。

为甚么？我没有买画儿。

我知道不是您纳买的。

那么为甚么给我送了来？

有别人给您纳这儿买的。

给我买画的是甚么意思？

买的意思您纳倒不用打听。

到底是谁给买的？

那堂子胡同住的张爷，您纳认识不认识？

张爷我认识，就是他买的么？

还不是他。

不是他，提他作甚么？

我提他有个原故。

有原故为甚么不说呢？

您纳太急，回来就明白了。

你这是耍戏我的话，我不依。

那儿敢耍戏您纳？

有正经话为甚么不说？

提起来话儿长。

就是，你不能说我进去了，你去罢。

嗳！别忙！别忙！还有话说呢。

有话就快说，我没空儿。

那张爷您纳说是认得？

那我先告诉你了。

他们令侄您纳认得不认得？

见过一次，不很熟。

叫送这个画儿的就是他。

他叫送来的。他多咱晚儿回来了？

甚么回来呢？他出外来着么？

他从前不是跟官出动么？

那个我不知道，是那年出动的？

我记得是前年往江西去了。

前年出动的？我从去年还见他在城里头呢。

那都不论，他给我送画儿是作甚么？

本不是给您买的。

不是给我买的，你拿来作甚么？我决不买这个。

说甚么买呀！钱是他给过了。

你这个来回话儿我始终不明白。

等我告诉您几句话。

就快说，别尽着耽误工夫儿。

您纳的少爷不是在户部有差使么？

你这个人竟是打听！小儿原是在户部。

他不是单住么？

他这会儿单搬出去了。
请问他住在甚么地方儿？

他在交民巷，西头儿路北。
他是在交民巷住么？

真的呵！你疑惑作甚么？
我估摸是在城外头住的。

离衙门那么远，不行，你怎么估摸着是城外头呢？
昨儿日头落，碰见他的车，在琉璃厂。

那儿有这个话？他昨儿晚上在我这儿来着。
车是他的，他却没在车上。

他没在车上，你怎么知道车是他的？
车上坐着个老婆子，他说是孟大爷的车。

老婆子抱着个孩子么？
不错，是个七八岁的小孩子。

必是我那小孙子，嗳？那早晚儿那儿去？

老爷放心，有点儿事情。

有点儿甚么事情呢？车惊了么？

不是，本来道儿不好走。

那么，是车翻了么？

也不然，是合对头儿车碰了。

碰了？老没说开么，怎么那早晚儿还在那儿呢？

倒不是没说开。

是小孩子受了伤了么？

却没甚么很利害，他从车上跳下来的时候儿把腿扭了一下儿。

可恶！知道那个车是谁的不知道？

就是那张爷他侄儿的。

还是他呀！那么送画儿是作甚么呢？

这画儿是给您纳令孙的。

特意买画儿压惊，是甚么意思呢？

画儿是先买的，并不是特意买的。

碰车的时候儿他手里就拿着来着，是不是？

可不是拿着呢。刚才从我们那儿买的。

是小孙子跟他要来着么？

不是，令孙哭了，他说，你别哭，我送给你点儿玩意儿。

就是这个画儿算玩意儿？为甚么不送到小儿那儿去呢？

那张大爷的侄儿今儿早起到我们铺子里来，打听令郎的住处。我们说知道您纳，不知道他。他叫我们把画儿送到府上就是了，过两天他还要亲自来呢。

问答章之八

请老爷安。

好阿。你是甚么人？

我是英顺行打发来，给老爷带路进京的。老爷定规多咱走？

明儿就要走。

老爷要走的是水路，是旱路呢？

是旱路好，是水路好？

水路呢，这两天雨大，河水长了，上水的船拉着费事，再遇着北风，怕五六天到不了通州。

哎，这么着那水路就不行。走旱路怎么样呢？

若是老爷明儿一早动身，赶着走，第二天晚上就可以到京。慢着点儿，第三天足行了。

这旱路你熟罢。

哎，这十几年常来往，怎么不熟呢？

我不用人带道，你细细儿告诉我都是打那么走，行不行？

可以，没甚么不行的。老爷出了城，东边儿那个浮桥知道不知道？

那个知道。

您过了这一道桥，到热闹街儿那儿，再打听第二道桥。过了第二道桥，往西北就是进京的大道。

听见说还有过河的地方儿，有没有？

那是摆渡罢。摆渡是有。

摆渡是有，那车马怎么样呢？

车马没甚么，那都可以摆过去。

往后怎么样呢？

往后是这么着。离了摆渡口儿还是顺着大道走，到离天津三十多里的那个镇店，叫浦口，就是头段儿。

那儿呢？头一段儿不是河西务么？

河西务远多了，那算是一天的道儿。过了浦口之后，先到杨村，后到南蔡村，挨晚儿的时候儿可以到河西务。这些地方儿相隔大约都是三十多里地。

按道儿说，这河西务离京还有多远呢？

按道儿说，就算是中间儿了。在那儿住一夜，明儿个就进得了京咯。

住一夜是在那儿呢？

贵国的人向来有住店的，有住庙的。

是店里好，是庙里好呢？

依我说，是店里方便些儿。庙里留客是格外的事情，一来，不定有房子没有；二来，如果赶车的多，和尚不愿意；再者，丢了东西，为谁是问呢？

阿，店里丢东西是店主人应管么？

原是那么着。还有一说，吃的喝的店里都能预备，庙里连厨房都没有。

没厨房，庙里在那儿弄饭呢？

他们弄的都是素菜，荤的他们不能弄。

阿，那们不如店里好。河西务那儿还是那个店好？

那儿有一个富兴、一个顺来，两个都是大店。一个在街南头儿，一个在街北头儿。

这两个是那个方便呢？

若论房子吃食，都差不多儿。南头儿方便，北头儿方便，那是随老爷的意。

南的、北的有甚么不同？相离的很远么？

离的却不甚远，河西务没有这儿府城那么大地方，不过是个镇店，一条长街，两边儿有些个铺子甚么的。

这么说起来，南的北的有甚么不一样？

没有甚么不一样的，是我向来给老爷们带道，总是一进街就住下的时候儿多。

你说的，那是打天津去的，在南头儿住，打京里来的，在北头儿住，是不是？

不错，老爷明白。

就是了。我到了店里叫他们弄甚么菜好呢？

老爷怕没吃过我们的菜罢。

没吃过呢。

阿，老爷还没吃过，不如从天津做一点儿好拿的菜带着。

甚么？自己带着？到了店里不吃他们的饭，他们愿意么？

那倒没甚么，店里还得他们的房钱。

这房钱有一定的价儿么？

我们人住店，差不多有一定的价儿。若是外国客人，怕那掌柜的他多要几个钱。

那掌柜的就是店东么？

那都不定，有是店东做掌柜的，有是店东外请别人替他照应买卖做掌柜的。

就是。这个房钱大概合我要多少钱？

那倒难说，老爷会说我们的话，可以先合他商量，看他要的价儿若很多，不妨驳他，再还他个价儿。

那都行了。就是第二天进京，还得打那么走？

早起离了河西务，还是往西北去，有二十多里是到安平，还有二十多里是马头，从马头还算有二十里地，到张家湾那个老城。

没到张家湾，不是先有个小河儿么？

不是，那城是南北下里骑着河面儿的。老爷进了南门，顺着大街过了河，就出北门。那北门外头有两股岔道儿，往北的是上通州去，往西偏着点儿的那就是进京的了。

接那儿到京还有多远呢？

看老爷进那个门。若是城外店里住，进沙窝门儿，还算有五十多里路；若是到城里头，走东便门，那是往北点儿，多个二三里地，也不算很远。

上外国公馆是进那个门好？

那外国公馆都是在海岱门里头，御河桥一带，在我说，是进东便门方便些儿。

很好，如今我明白了。还有一件事，我走的这么快，我的行李怎么样呢？

老爷的行李有多少？

就是门外头搁着的那些东西。

甚么？那些大箱子也是老爷的么？

原是啊。

老爷想两天进京，恐怕不能都带罢？不但用好些个大车费钱，还不能很快。

那么，你说还有甚么好法子。

依我说，老爷那些铺盖甚么的，可以雇一辆小车儿装上，合老爷一块儿走，其余上船，打通州那们走。

按照那么着，我就坐装行李的那辆车么？

老爷另雇一辆轿车儿坐，好罢？

那车是单套？是二套呢？

老爷要快，必得用二套的。现在雨水大，道儿不好走，三套的也不妨。

哎，道儿不好走，坐车不大对我的劲儿，在这儿雇马，行不行？

骡子、马都可以雇，只怕我们的鞍子老爷骑着不合式。我们那儿马身上的家伙我都带着呢。

也怕不行，那马鞍子我们的马还可以备，那嚼帽子怕不肯戴。

嚼帽子是甚么呢？

就是那马脑袋上预备着安嚼子拴扯手的那家伙。恐怕我们的马戴不惯，要闹性子。不如买匹外国马，倒好。

外国马在天津这儿那儿可以买？

行了，我们行里有匹马，是我们行中伙计的，他要卖，那马很好，又老实又快，来往进京有三四回了。

那么着，我就到行里商量商量。还有那些个大箱子，运到通州的时候儿，雇甚么人送进京去。

老爷就雇小的好不好？

好倒没甚么不好的，只怕这么些日子你们行里离不开你，不容你去。

行了，离得开，今儿打发我来不是听老爷的吩咐来了么？

问答章之九

有先生来要见老爷。

请进来。

进来了。

先生请坐。

请坐。

先生贵姓?

贱姓苏。

先生到这儿来贵干?

昨儿听见一个相好的说起阁下要请先生。

阿,必是那张先生说的。

不错,是张先生说的。

张先生他告诉您,是我要找先生,是我替别人找先生?

他没告诉我详细,可不是阁下要请么?

不是我要请，是一个相好的托我请。

令友还是贵国的人么？

是本国的人，到贵处日子不多。

既是新来的，我们的话恐怕不懂罢。

不错，汉话一句都不懂，汉字一个也不认得。

这么着，我怎么能教给他书呢？

先生先得教他说话。话能说些儿，那看书再说。

他一字不懂，我从那儿教起？

先生是老手了，在贵国教过多少门生，怎么不能教他？

我们的教学那是另有一说。说话是不学而会的，至于念书，是从小儿背念熟的，恐怕令友不能照着我们这儿的小孩子那么费事罢。

那是自然的，也可以商量一个法子。先生从多大念书？

我从七岁念起。

先生一念是先念《三字经》《千字文》么?

不错,先念的是那个。

贵国人都先念这两个小书儿,实在有甚么益处儿呢?

《三字经》是三个字一句,为的是小孩子容易念。那《千字文》因为没有重字,小孩子念了,就可以认得一千字。

念了这个之后,念甚么呢?

常念的都是先念四书,后来念五经。

您从念四书起,到念完了五经,有几年的工夫儿?

两头儿算起来有六七年的工夫。

阿,那五经念完了,就是先生十四岁那一年?

不错,还没到十四岁呢。

先生从多大岁数儿上开讲?

我从十二岁上才开讲。

开讲的时候儿还是自己看注子,还是听先生的解说?

　　我一开讲的时候儿是听先生的解说，讲过一年多，就自己看注子。后来作了二年多的诗合文章，才进学。

　　阿！十六岁中秀才，也就算早阿，是先生的天分高。
　　那儿的话呢！那也是徼幸。后来乡试下了多次场，七八年才中了举人。

　　先生今年贵庚？
　　我今年三十岁。

　　先生中举人之后，这六年里头有甚么公干？
　　没有甚么事情，前二年在家里教书，后几年在外头作幕，帮朋友。

　　请问令友荣任是甚么官？
　　是山东的知县，他去年不在了，我才回来的。

　　先生作过幕那更好了。
　　怎么更好呢？

　　好处是这么样，我那朋友学话之后，还要学文书。

可惜就是这个教话没头绪。

那我倒有一个法子，今儿个忙些儿，没空儿细说，请先生明儿过来，咱们再商量，行不行？

可以，没有甚么不行，我就遵命了，明儿个几点见？

明儿个咱们申初见罢。

那们我失陪了。

您请。

问答章之十

今儿早起有个朋友送了个帖儿来，是要请我在饭庄子上吃饭，我心里有点儿犹豫，是为甚么呢？我想，贵国的一切见面儿应酬的礼节，我都不大很熟，倘若落了过节儿，倒教人家笑话。

您别那么想阿，等我把那个俗套子告诉告诉您，您就明白了。您把那个帖儿给我瞧瞧。阿，原来是张大老爷请您在庆会堂吃饭阿！这个庄子好，地方又宽绰，屋子很凉快，我常去。他那个菜做的讲究，样样儿都得味儿，谁家也没有他那么好，您去罢，乐得的大家谈谈，散散闷儿呢。

我听说贵国请客，那帖子上定的时刻不能算准成，仿佛罢，写的是午刻，必得未刻去才好。

那看帖子是怎么写的，如果有个"准"字，就得到了那时候儿就去，张大老爷这帖子上没有那"准"字，就写的是四点钟，您就是六点钟去也不算晚，去的太早咯，不但别位客不能到齐，碰巧了连主人还未必能够到呢。

我还要请教您，我若是领他这个情，似乎还得写个回字儿罢？

那倒不用，您既是把帖子留下了，那就是您一准要去的凭据。

赶到要去的时候儿，还得缴还那个帖子不是？

不错，这规矩是这么着。您明儿去的时候儿，到了庄子的门口儿，先叫您的管家递了您的名片。那门口儿伺候的人接过片子来，就头里带着道儿，让您进去，主人在那屋里，就让您到那屋里。您见了主人，不用说，先作个揖，回来把那个请帖儿双手递给他，嘴里说：我又来讨扰，就抱愧的了不得，尊帖上下的字眼儿实在不敢当。主人一面接帖儿，一面也说两句谦虚话，大家就坐下喝茶。等别的客都来齐了，那才让坐摆饭。有时候儿客不能都到，若只短一半位，就不尽等着了。赶到来了，就让在那空座位儿上坐。为甚么呢？那座位都是主人早已算计定了的，到了入座的时候儿，虽然应该谦让，主人万不肯叫你们随便坐。所以后来的有给他留下的空座儿，他来了也不用很让，就坐下了。

哎呀！阁下来了，失迎的很，您恕我。
那儿的话？我来晚了罢？叫诸公受等。

不晚，不晚！也都刚到，咱们入席罢。
这个座儿实在是有僭的很。

理当，理当。诸位请酒，大家先干一杯。
请！请！

请菜。我可不布，都没外人，自取罢。
那最好！大家让起来，倒显得拘泥，还是随便的好。

您瞧，刚说是不让，怎么又让起来了？我们也得回敬才是。

　　不是那么着。这几样儿菜是我前两天就打发人到柜上告诉了，托他们灶上用心给做一做，似乎比现弄的好点儿。我看诸公都不动筷儿，我不能不布一布。您何妨尝一尝？

　　诸位别住筷儿，总得吃饱呀！

　　我们都吃得饱了，酒也喝醉了，这样儿的盛设叫您费心。

　　今儿没甚么可吃的，酒也不好，叫诸位屈量。

　　您那儿的话呢？今儿个也不说甚了，车来了，天也不早了，得回去了。过一天再到您府上道谢去。

　　岂敢！岂敢！您请便罢，我也不敢奉留了。

　　诸公还坐会儿，我先失陪。请了！请了！别送！别送！留步！留步！主人也不必送，请回去陪别位客罢！

　　我就到这儿候乘。

　　磕头！磕头！

　　再见！再见！

谈论篇百章之一

我听见说你如今学满洲书呢么？很好。满洲话是咱们头一宗儿要紧的事情，就像汉人们，各处儿各处儿的乡谈一个样儿，不会使得么？

可不是么？我念了十几年的汉书，至今还摸不着一点儿头绪呢！若再不念满洲书，不学翻译，两下里都耽误略。因为这么着，我一则来瞧瞧兄台，二则还有奉求的事情呢。只是怪难开口的。

这有甚么难呢？有话请说。若是我做得来的事情，咱们俩，我还推辞么？

我所求的，是你纳疼爱我，就是劳乏些儿，可怎么样呢？抽空给我编几个话条子我念，兄弟若能够成了人，都是兄台所赐的。我再不敢忘了恩哪，必要重报的。

你怎么这么说呢？你是外人吗？只怕你不肯学，既然要学，巴不得教你成人呢！说报恩是甚么话呢？咱们自己人，说得吗？

若是这么着，我就感激不尽了。只好给兄台磕头略，还有甚么说得呢？

谈论篇百章之二

听见说，你的清话，如今学得很有点儿规模儿了么？

那儿的话呢。人家说的我虽懂得，我自家要说，还早呢。不但我说的，不能像别人儿说得片段儿，而且一连四五句话，就接不上了。还有个怪处儿，是临说话的时候，无缘无故的怕错，不敢简简决决的说，这么样，可叫我怎么说呢？我也灰了心略。想着就是这么样儿，学来学去，也不过就是这么个本事儿略，那儿还能够有长进呢？

这都是你没熟的缘故。我告诉你，无论他是谁，但凡遇见个会说清话的，你就赶着和他说。再有那清话精通的师傅们，也要往他们那儿去学，或是和清话熟习的朋友们，时常谈论。天天儿看书记话，平常说惯了嘴儿，若照着这么学，至多一两年，自然而然的，就会顺着嘴儿说咯，又愁甚么不能呢？

谈论篇百章之三

老弟，你的清话，是甚么空儿学的？声儿说得好，而且又明白。

啊，承兄台的过奖。我的清话算甚么呢？我有个朋友，满洲话说得很好，又清楚，又快，没有一点儿汉音，很熟练哪。不但这个，而且记得话儿还多，那才可以算得起是好呢！

他比你如何？

我怎么敢比他？我可不是他的对儿啊，差得天地悬隔呢！

甚么缘故呢？

他学得日子深，会得多。颇好书，至今还是不住嘴儿的念，不离手儿的拿着看。若要赶他实在难哪！

弟台，你这话，只怕有点儿说错了罢？你忘了"有志者事竟成"这句话了么？他也是学会得罢咧，并不是生了来就知道的啊！咱们那点儿不如他？任凭他是怎么样儿的精熟，咱们只要拿定主意，用心去学，虽然到不了他那个地步儿，料想也就差不多儿咯！

谈论篇百章之五

老弟，你天天从这儿过，都是往那儿去啊？

念书去。

不是念满洲书么？

是。

现在念的都是甚么书？

没有新样儿的书，都是眼面前儿的零碎话，和《清话指要》这两样儿。

还教你们写清字楷书不啊？

如今天短，没写字的空儿，等着天长了，不但教写字，还教学翻译呢！

老弟，我为这念书的事，真是钻头觅缝儿的，那儿没有找到啊？可惜我们左近没有念清书的学房。我想着你们念书的这学房就可以，到多咱我也去念去。请你替我先说说罢。

兄台，你打量教我们的是谁啊？是师傅么？不是呀。是我的一个族兄，所有教的都是我们一家儿的子弟。再者，就是亲戚们，并没有外人。可怎么说呢，我们族兄又要天天儿上衙门，不得闲儿。是因为我们过懒，不肯自己用功，他万不得已，匀着空儿教我们。若不是这么着，兄台要念书，也是好事罢咧，替你说说，又费了我甚么呢？

谈论篇百章之九

那个书取了来咯没有？

取去了，还没拿来呢。

使唤谁去的？至今还没来么？

打发那小孩子取去了。我们先叫他去，他肯听我们的话么？有要没紧儿的，耽搁时候儿。后来我说有兄台的话，他才赶忙着去了。那一部书，不是四套么？

他只拿了三套来。我们说他，你为甚么漏下了一套？若不赶着取去，等着主人回来，必不依你呀！他反倒说，我们告诉得糊涂不明白。抱怨着去了，至今还没回来呢。若差人迎他去罢，又恐怕走岔了道儿。

　　这种样儿的滑东西，也有么！准是往那个热闹地方儿玩儿去咯。若不严严儿的管教，断断使不得，等他回来的时候儿，把他捆上，重重儿的打一顿才好。不然惯了他，就更不堪了。

谈论篇百章之十一

　　兄台新喜啊！
　　好说，大家同喜啊！

　　兄台请坐！
　　做甚么？

　　给兄台拜年哪！
　　甚么话呢？

　　老兄长啊，是该当磕头的。

请起，请起！升官哪，得子啊，过富贵的日子啊，请起，请上坐。这现成儿的煮饺子，请吃几个罢。

我在家里吃了出来的。

吃得那么饱么？年轻的人儿，才吃了就饿啊。若不吃，想必是妆假罢。

真的呀！在你纳家，我还作客么？不敢撒谎。

那们就沏茶来。

我不喝。

怎么？

我还要到别处儿去呢，该去的地方儿多，太去晚了，人都犯思量。兄台请吃罢，别送，看带了味儿去。

那儿有这个理？不出房门儿使得么？哎！来了空空的，连茶也没喝。请呀，改日再见！到家里都替我问好罢。

谈论篇百章之十二

兄台，恭喜咯！说放章京拣选上了？
是啊！昨儿拣选的，把我拟了正了。

拟陪的，是谁啊？
你不认得，是一个前锋校。

他有兵么？
没有兵，寡有围。

我替你纳算计熟咯，一定要戴孔雀翎子咯！
别过奖咧！我有甚么奇处儿？比我好的多着的
呢！一定指望着，使得么？不过是托祖宗的福荫，微幸
捞着，也定不得。

这是太谦了。你纳是甚么时候儿的人？年久咯。若
论起来，和你纳一块儿行走的朋友，都作了大人咯，在
你纳后头年轻的人儿们，也都升了。若论你纳的差使，
出过兵、受过伤，现在又是十五善射。你纳说，旗下强
过你纳的是谁？我知道了，想是怕我来喝喜酒啊！

喝酒有甚么呢？果然若得了，别说是酒，合着你纳的意思，我请你纳！

谈论篇百章之二十一

咱们这些人里头，你还是外人儿么？要瞧我，就一直进来，又何必先通报呢？既到了门口儿，怎么又回去了呢？想必是我们家里的人们，说我没在家，你恼咯，是这个缘故不是啊？我若不说出缘故来，你怎么知道呢？

这一向，咱们那群孩子们，合着伙儿开了耍钱场儿了。方才来，起誓发愿的，必定叫我去。我不得空儿，你是深知道的，一会儿一会儿的差使，如何能定呢？而且王法又很紧，倘若闹出一件事来，把脸放在那儿啊？

因为这上头，恼就由他们恼罢，我到底没去，告诉家里的人们，不拘谁来找我，答应不在家。想不到你来了，糊涂奴才们，也照着样儿答应不在家，打发了去咯，才进来告诉我。我急忙差人去赶，他回来说没赶上，叫我心里很过意不去。实在我是不知道，你纳千万别计较。

谈论篇百章之二十二

我们俩，底根儿相好，而且又连了几层亲，如今许多年没得见面儿了。我打出兵回来，就要找了他去，叙谈叙谈。不想叫事情绊住，竟没空儿去。到昨儿，顺便儿，到他家一问，那儿的人说他搬了好久咯，现在小街儿西头儿，拐湾儿住着呢。我照着告诉的话，找了去，走到尽溜头儿，噶拉儿里头，才看见他的房子，门儿关着呢。我叫了半天，并没人儿答应，又敲着门儿、大声儿叫了好一会子，才出来了一个走不动的老妈儿来了，他说主人没在家，别处儿去了。我说，等你们老爷回来告诉他，说我来瞧来了。这个老妈儿的耳朵又很聋，总听不见，我没法儿，就在他们隔壁儿小铺儿里，借了个笔砚，把我瞧他去的话，写了个字儿留下了。

谈论篇百章之二十四

起初我见他的时候儿，待人儿很亲热，又很爽快。相貌又体面，汉仗儿又魁伟，伶牙俐齿的，真会说话儿，我看着很羡慕他。心里说，怎么能和他相与相与才好，不住口儿的夸奖他。后来交上了，一块儿常混混，细细儿考较他所行所为的事情，原来不是个正经人。虚架子弄空的，而且心里又阴险。不给人好道儿走，嘴里虽然跟你好，背地里害得你很不轻。人若是落在他的圈套儿里，就是一个仰面的斤斗。在他手里坑害的人，可不少了，屈着指头儿算不清啊。故此，朋友们提起他来，都说是可怕。没有不头疼的。这就是俗语儿说的"人心隔肚皮"，"知人知面不知心"的话儿，是特为这种人说的咯。我还算是侥幸。若不留心远着他，必定也受了他的笼络。

谈论篇百章之二十七

你不知道这种好强，都是年轻血气旺的缘故，等着吃过几次亏，自然而然的就心灰了。我这个人，从前最好打把势，天天儿演习。后来歇手，是为甚么呢？我们家兄，也好动劲儿，惯使的是枪，就有十几个人儿，也到不了他跟前儿，这样儿的本事。这一日，在我舅舅家，还遇见了一个人，是从屯里来了一个瘸子，会耍刀。他们俩说，要试一试本事，各自拿了各自的兵器。我们家兄，心里那儿有他呢？拿起枪来，直往他心口上就是一扎。那个瘸子，一点儿也不忙，从从容容的，使刀一搛，我们家兄的枪尖儿，齐碴儿的折了一节儿去了。赶着就抽枪，没抽迭，瘸子的刀，早已放在脖子上了。我们家兄要躲，叫他夹着脖子一摔，摺出去好远的去了。因为这么着，他很没趣儿，我也再不学了。看起这个来，天下的能人还少么？

谈论篇百章之二十九

人生百岁，不过一眨眼儿的光景，把银子钱，结结实实的收着，作么？我想这个浮生如梦的身子，能够乐几天儿呢？一晃儿就不中用了。不如趁着没有老，吃点儿、穿点儿。若到了筋骨硬的时候儿，穿呢，也不成样儿；吃呢，也不得味儿。瞅着孩子们的下巴颏儿过日子，有甚么趣儿啊？只是别过逾了就是咯，算计着所得的分儿，乐一乐，也很使得呀。

这个话，你是知道我的事情说的呀，还是揣摸着说的呢？我果然是银钱富富余余的，乐也是应当的。只是不像别人，有银钱、有产业，叫我拿甚么乐呢？叫我借了债穿哪，还是卖了房子吃呢？若是依你这个话行，钱财儿花尽了的时候儿，叹口气就死了才好。万一不死，还有气儿活着，可怎么样儿过呢？到那时候儿，就是我求你，你还理我么？

谈论篇百章之三十一

你还没起身么？

早晚儿就要起身了。驮子行李都整理妥当了，只是盘缠银子，还短点儿。俗语儿说"上山擒虎易，开口告人难"的话，我今儿才信了。舍着脸儿，各处儿借，总没借着。没法儿找兄台来了，或银子，或当头，求你纳借给我点儿。等我回来的时候儿，本利一并奉还。

幸亏你来得早，若略迟些儿，就赶不上了。方才屯里拿了几两银子来，还没用呢，你拿一半儿去使。等喝了茶，我再平给你。我问你，你这不是初次出门么？

可不是么！

我告诉你些个话，出远门儿的道理：处朋友们，以和为贵。待底下的官人们，不必分内外，都是一样儿的疼爱。就有可以弄银子钱的地方儿，也该想着脸面要紧，别手长了。若是乱来，于声名上大有关系呀。

兄台说的，都是金玉良言，兄弟永远记着就是咯。

谈论篇百章之三十二

老弟，是几儿打屯里来的？

我到了有些日子了。

老弟来了，我总没听见说；若是听见，也早来瞧你来了。

咱们住的地方儿鸢（diào）远，你纳又是官身子，那里听得见呢？

我问你，你们的地在那儿？

在霸州所属的地方儿。

挨着琉璃河么？

不是，是浑河那块儿。

今年，那儿的庄稼好不好？

好得很，十分收成了。

这奇怪咯。他们不是先说涝了，又说旱了么？

那都是谣言，信不得的。别说别的，黑豆的价儿，就十分便宜，十来个钱一升。这有许多年，没有这么贱了。

真么？
可不是真么？

若是这么着，你再打发人去的时候儿，请替我买几石来，用多少银子，算明白了告诉我，我照着原买的价儿给你。

是啊。我看见你纳槽上栓着好几匹马，买豆子喂是该当的，与其在咱们这儿买的价儿贵，不如在那儿带了来，有减半儿的便宜呢！

谈论篇百章之三十四

这件貂鼠褂子，是在铺子里买的么？
不是铺子里的，是庙上买的。

多少银子买的？
你猜一猜。

这件至不济，也值三百两银子。

我从二百两上添起，添到二百五十两，他就卖了。

怎么这么贱哪！我想从前像这样儿的，至平常，也得五百两银子。你看这一件，颜色儿黑，毛道儿厚，又平正，而且风毛出得齐截，面子的缎子又厚，花样儿也新鲜，又合如今的时样儿。就是比着你的身子做，也不过这么样罢咧。

我记得你纳，也有一件来着。

哎，我那个算甚么？白有个褂子的名儿就是咯。毛稍儿也坏了，颜色儿也变了，反穿不得了。

若是那们样，等关了俸的时候儿，再买件好的就是咯。

哎，我是过了时的人了，还讲究甚么样儿呢？但只暖和就是了。你们是年轻的人儿们，正在往上巴结的时候儿。遇着朝会的日子，穿件好的打扮打扮，是该当的。我若是穿了好的，不但不得样儿，而且不舒服。况且我们武职差使上，也用不着好衣裳。索性穿旧的破的，倒和我们很对劲儿。

谈论篇百章之三十五

　　我有个朋友，胆子很大。夏天的时候儿，黑下支着窗户睡，正睡着了，觉着耳朵里，听见有响声儿。睁开眼一瞧，大月亮底下，有一个怪物，脸似黄纸，眼睛里流血，浑身雪白，头发蓬松着，一跳一跳的前来。我那朋友，在睡梦中惊醒，忽然看见，吓了一大跳。心里说，哎呀，这就是鬼罢？悄悄儿的瞧着，看他怎么样。那鬼跳了不久的工夫儿，就开开了立柜，拿出许多衣裳来，挟在胳肢窝里，从窗户里跳出去了。我那朋友，心里暗想着，若果然是鬼，有拿衣裳的理么？正想着的时候儿，那个该杀的又进来了。我那朋友，就猛然起来，拿着把腰刀，把他斫了一下儿，那个东西，哎呀了一声，倒在地下了。叫了家下人来，点上灯一照，很可笑！原来是个贼，为偷东西，故意儿的妆成鬼、来吓唬人来咯。

谈论篇百章之四十二

　　你看这种贱货，竟不是个人哪！长得活脱儿的，像他老子一个样，越瞧越讨人嫌。不论是到那儿，两只眼睛，挤顾挤顾的，任甚么儿看不见，混撞，嘴里磕磕巴巴的，实在是沤人。正经的事情上，丝毫不中用。若是淘气很能。一点儿空儿不给，常叫他在跟前儿服侍，还好些儿。若不然，就淘气的了不得，真是个闹事精！撂下这个、拿起那个，猴儿似的一样，唧叮咕咚的不安静。我若是气上来，真得把他打死了才解恨，过了气儿又一想，可怎么样呢？当真的打杀他罢，又怪不忍得，而且是家生子儿。火棍儿短，强如手拨咯。遇着我有一点儿得项，或是有点儿吃喝儿的地方儿，倒偏疼他些儿。

谈论篇百章之五十

夏天的时候儿，他还可以扎挣着走来着，近来这些日子添了病，竟躺下了。阖家子乱乱烘烘的，没主意，老家儿们愁得都瘦了。那一天，我去瞧他，见他瘦得不成样儿了，在炕上倒气呢。我慢慢儿的走到他跟前儿说："你如今好了些儿么？"他睁开眼瞧见我，把我的手紧紧的攥住，说："哎，我的兄台，这是我的罪呀！病到这个分儿上，大料是不能好了。我不知道么？自从有病，那个大夫没治过？甚么样儿的药没吃过？才好了一好儿，又重落了。这是我命该如此。我并不委屈。但只惦记，父母上了年纪，兄弟又小，再者亲戚骨肉都在这儿，我能撂得下谁呢？"话没说完，眼泪直流下来。好伤心哪！就是铁石的人，听了他的那个话，也没有不惨得慌的。

谈论篇百章之五十四

看起你来，只就是嘴能干，外面儿虽像明白，心里却不燎亮。他不寻嗔你来，就是你的便宜，你可惹他作甚么？好话总不听，倒像神鬼指使的一个样，强拗着去了，到底碰了钉子回来咯。

那该死的，你说他是谁！了不得，有名儿的利害人啊！从不给人留分儿，与他不相干的事还可以，略有一点儿妨碍他的地方儿，不拘是谁，叠着劲儿，必要站住理，得了便宜才歇手。

这不是咯！到底把卧着的老虎哄起来了。自找吃亏，这有甚么趣儿呢？俗语儿说的"有拐棍儿不跌跤，有商量儿不失着"。光你一个人儿的见识，能够到那儿？任凭怎么样，我总比你长几岁，这一层，若果然是该行的，就是你心里不愿意去，我还该提拨着你，催着你、叫你去呢，岂有倒拦着你的情理么？

谈论篇百章之五十八

你这么冤他，是甚么道理？人家恭恭敬敬的，在你跟前讨个主意，知道就说知道，不知道就说不知道罢了，撒谎作甚么？倘若把人家的事情耽误了，倒像你有心害他似的。他若是个可恶的人，也就不怪你这么样儿待他。我看他那个人很老实，一瞧就知道，是个慢性子。别人若是这么欺负他，咱们还当拦劝呢，你反倒这样儿的刻薄，太错了，真真的我心里过不去。

兄台，你原来不知道。可要叫他诓哄了啊！那种东西，外面皮儿虽像愚蠢，心里却了不得。他那性情险恶之极，你没试过，就不知道他的坏处儿了。法子多、圈套儿大，惯会和人讨凭据。不论甚么事，预先拿话勾引你。把你的主意套了去，然后远远儿的观望着，瞅你的空子。稍微有点儿破绽，跟进去，就给你一个兜屁股将！兄台，你想这个事情，原有关碍我的地方儿啊，若是把彻底子的主意告诉他，如何使得呢？你这么怪我，我不委屈么？

谈论篇百章之六十

你太没有经过事，怯极了。有话为甚么放在心里？直去和他讲明说开就完了。他也是个人罢咧，能够不按着道理行么？说出缘故来，你就从头至尾的、一一的分解开了，怕他能够把你怎么样么？怕杀呀？还是怕拿了你呢？况且别人都没动静儿，你来不来的先这么怕，这样儿那样儿的防备着，还有个汉子的味儿么？依我劝你，也放宽了心罢！他果然不依你，若和你见个高低儿，还给你留情么？你如今就是这么样儿的怕了，能够干干净净儿没事儿么？我看起来，到而今也没个音信，想是他早已忘了。你若不信，悄悄的探听个信儿，管保你无妨无碍的呀！

谈论篇百章之六十三

坏了肠子咯，把我轻慢得了不得！我和你说话，都不配么？动不动儿的，就拿巧话儿讥诮我，把自己当成甚么咯？每日里，鼻子脸子的，常在一块儿混混，我只不说罢咧，我若说出根子来，未免又说我揭短了。你的家乡，我的住处，谁不知道谁呢？你不受人家的揉挫，才有几天儿啊？如今贱货儿，这就和我作起足来了，是甚么意思呢？索性说失了言儿咯，那个还可以恕得过去。偏死扭着说你的话是了，一口咬定了，不肯认错，能不叫人更生气么？你太把我看轻咯！实在不知道你仗着甚么，能够有这个样儿的举动儿？谁也不能杀了谁，谁还怕谁么？若果然要见个高低儿，很合我的式。若略打一个磴儿，也不是好汉子！

谈论篇百章之六十九

兄台，你纳这么固辞我的东西，不肯留下，我十分不明白你的心意。还是因为我来迟了，故此才这么样儿待我，还是因为别的呢？素常我尚且长长儿的来，老家儿的好日子，倒不来，那怎么是朋友呢？实在是知道晚了，若是先知道，应当早来才是。虽说是有我不多、没我不少，替你纳待待客也好啊！若论你纳高亲贵友，送来的礼物还少么？想来是吃不了的。我这点子微物儿。又何足挂齿呢？然而也是我一点儿孝心。那儿敢必定请老人家吃呢？但只略尝点儿，就是爱惜我了，使我的意思才完了，但是决意不收下，我还是在这儿坐着啊，还是回去呢？实在叫我倒为了难了。

谈论篇百章之七十

大哥你听见了么？咱们那个馋嘴的东西，说是破败得很，困住了，褴褛成个花子样儿，战抖抖的，披着一块破被。

那趁愿该死的！去年甚么罪儿他没受过？甚么苦儿他没吃过？但凡有一点儿志气，也改悔过来了。俗语儿说的"穷的伴富的，伴的没裤子"。这话是当真哪！既如此，就该当回过味儿来咯。还有甚么心肠，说这儿的酒好，那儿的菜好。和富贵人们，一般一配的，各处儿游玩？那时候儿我就说，等着到了上冬的时候儿，看他怎么样？再瞧罢咧。如今果然应了我的话了。

老兄，话虽是这样儿说，现在他既落到这步田地上，可当真的瞧着叫他死么？我心里想着，咱们大家略攒凑攒凑，弄点儿银子帮帮他才好。

若像这么样儿帮他银子，还不是主意。怎么说呢？他的脾气，你还不知道么？一到了手就完，连一点儿浮余也不留，全花了！倒不如买一套衣裳给他，还有点儿益处。

谈论篇百章之七十五

你前儿往庄子上，上坟去来着么？

是啊。

怎么今儿才回来？

我们坟地离得很远哪！所以当天去，不能回来，又在那儿歇了两夜。前儿个，顶城门儿就起了身，直走到晚上，才到了坟上。昨儿个供了饭、奠了酒，又歇了一夜，今儿东方亮儿，就起身往回里走，道儿上除了打尖，也总没有敢歇着，刚刚儿的赶掩城门儿的时候儿才进来了。

在远地方儿立坟，虽说是好，若是到了子孙们，没有力量儿，就难按着时候儿上坟了。

可不是么！旧茔地倒离得很近，因为没有地方儿葬埋人口，请了看风水的人瞧，照他们说是那一块地好，故此在那儿立了坟咯。远是远些儿，总而言之，咱们有是有的道理，没有是没有的道理，无论是怎么样儿的窄，不能够坐车，连步行儿去，也要到坟上奠一钟酒啊。若到了子孙们，就难定了，只看他们有出息儿、没出息儿就是咯。若是个没有出息儿、不惦念上坟的子孙，就是他们住得离着坟地很近，还未必能够烧一张纸钱呢！

谈论篇百章之七十六

他们家里谁不在了？大前儿我从那儿过，看见他家里的人们，都穿着孝呢。因为忙着来该班儿，也没得问一问，刚才听见说，是他叔叔不在了，是他亲叔叔么？

不错，是他亲叔叔。

你吊丧去来没有？

昨儿念经，我在那儿坐了一整天呢。

多咱出殡啊？知道不知道？

说是月底呢。

他们的茔地在那儿？

离我们家的坟地很近。

嗳，若是这么着，道儿很远哪，至少说着，也有四五十里地。如果你再去见了他，先替我道恼啊。等下了班儿，再同着你去看看他，给他道烦恼。出殡之前，还请你千万给我个信儿，就不能送到他坟上去，也必送到城外头了。平素间，我们虽没有甚么大来往，每逢遇见的时候儿，说起话儿来，就很亲热。况且人生在世，那个不是朋友呢？他这样儿的丧事，我尽个人情，想来也没有人说我赶着他走动的话罢。

谈论篇百章之七十七

他来的时候儿，我在家里正睡觉呢。猛然惊醒了，一听，上房里来了客了，在那儿说话儿呢。想是谁来了呢？说话这么大嗓子，必是那个讨厌的来了罢？走进去一瞧，果然是他。直挺挺的坐着，议论不断的，自来了总没有住嘴儿，这样儿、那样儿的，直说了两顿饭的工夫儿，到了黄昏的时候儿，他才走了。汉子家，又没有甚么事情，就在人家家里，整天家坐着说话，这也受得么？他那个东西，不但把些陈谷子烂芝麻、人家讲究馊了的事情尽自说，听得人家的脑袋都疼了，还有一样可恶的，每逢他来，不拘甚么好啊歹啊的，还得先藏起来，叫他瞧见不得。倘若叫他看见了，连问也不问，捞摸着拿着就走。实在他这一辈子，也没有甚么说头儿了，像这种样儿的杂碎都坏尽了，就是你这么爱便宜，能够独自得么？

谈论篇百章之八十二

我有一件事，要托吾兄，只是怪难开口的。甚么缘故呢？实在是求的事情太多了。但只是不求你纳，除你纳之外，再也没有能成全我这件事的人，因此我又烦琐你纳来咯。

你不是为找姓张的那件事情来了么？

是啊。你纳怎么知道了？

今儿早起，你们令郎就和我说了。吃早饭的时候儿，我就去了一次，偏偏儿的遇见他不在家。才交晌午，我又去了。刚一进院子，就听见上房里头说啊笑的声儿，我上了台阶儿，悄悄的把窗户纸儿舔破了，从窗户眼儿里往里一瞧，看见这个给那个斟酒，那个给这个回敬，正搅在一处儿吃喝热闹呢。我原想进去来着，因为有好些个不认识的朋友，冲散了人家喝酒的趣儿，怪不得人意儿的，我就抽身出来了。他们家下人看见，要告诉去。我急忙摆手儿拦住了。你可别忙，明儿我起个黑早，和他说妥当了，就完咯。

谈论篇百章之八十五

吾兄，今儿来有甚么见教？

因为有缘，我们特来求亲来咯！我这个孩子，虽然没有超群的才貌、奇特的本事，但只是不吃酒、不赌钱，就是那些迷惑人的去处儿、胡游乱走的地方儿，一概也没到过。若不弃嫌，老爷们，就赏赐句疼爱的话儿。你往前些儿，咱们叩求。

老爷们别！大家坐下，听我说一句话。咱们都是老亲，一个样儿的是骨肉，谁不知道谁呢？但只是作夫妻这件事，都是前世里造定的缘分，由不得人的。为父母的，自己眼瞅着孩子们，原不过盼着能够配个好对儿，才把苦拔苦掖的心肠，也就完了。话虽是这么说，我还有长辈儿，没有瞧见令郎呢。再者来的太太们，把我们女孩儿也瞧瞧。

是啊，老爷说得很有理。就请通知里头太太们，把小儿带进去，给太太们瞧瞧。彼此都合了意的时候儿，再磕头也不迟啊。

谈论篇百章之九十三

今儿好利害呀！自从立夏之后，可以说得起，是头一天儿的热咯！一点儿风丝儿也没有。所有的家伙，都是烫手儿的热，越喝凉水越渴。没了法儿咯，我洗了个澡，在树底下乘了会凉儿，心里头才略好了些儿。嘻，这样儿的燥热天，别人儿都是光着脊梁坐着，还怕中暑呢，你怎么只是低着头写字？是甚么罪孽啊！不要命了么？

你这都是没官差、白闲着、安闲惯了的话。譬如小买卖人儿们，挑着很重的担子，压着肩膀、伸着脖子，各处儿跑着吆喝、汗流如雨的，才能赚得百数钱儿度命。若像我这个样儿的，吃现成儿的，从从容容的写字，他能够么？况且冬冷夏热，是自古至今不易之理。索性静静儿的耐着，或者倒有爽快的时候儿。俗语儿说得"心定自然凉"。若竟着会子急，还能脱了么？

谈论篇百章之九十九

人是万物最尊贵的。若不懂好歹，不明道理，与那畜牲何异啊？就是朋友们里头，你我彼此，恭恭敬敬的，岂不好么？他如今来了的时候儿，动不动儿的就发豪横，信着嘴儿混骂人。算是自己的本事啊，还是怎么样呢？你们瞧瞧，长得那个嘴巴骨子，臌着个大肚子，直是个傻子，还自充懂文墨的，好叫人肉麻啊！再那说话的声儿，像狗叫啊似的，人家都厌烦得不听咯！这个人若略有一点儿人心的，也该知觉咯，还腆着脸不知耻，倒像是谁喜欢他呢！越发兴头起来咯，是怎么说呢？他老子一辈子，也是汉子来着。不知道怎么作了孽咯，养出这个贱货儿来。嗳，完了！福分都叫他老子享尽了。这就是他的结果了，再想要升腾，如何能呢？

谈论篇百章之一百

你这是怎么说呢？天天儿吃得饱饱儿的，竟抱着琵琶弦子弹，有甚么益处儿呢？要从此成名啊，还是要靠着这个过日子呢？咱们幸而是满洲，吃的是官米，月间有的是钱粮。一家子头顶着脚踩着，都是主子的。并不学正经本事，差使上也不巴结，只是在这上头钻着心儿学，真是玷辱了满洲咯！与其把有用的心思，费在这没用的地方儿，何不读书呢？"人往高处儿走，水往低处儿流。"琵琶弦子上，任凭你学到怎么样儿的好，卑污下贱的名儿，总不能免。正经官场中，能够把弹琵琶弦子，算得本事么？若说我的话不可信，大人们、官员们里头，那一个是从弹琵琶弦子上出身的呀？你如今能指出来么？